처음 배우는 3·1 운동과 임시 정부

처음 배우는
3·1 운동과 임시 정부

1판 1쇄 발행일 2019년 2월 28일 **1판 2쇄 발행일** 2019년 11월 11일
글·그림 박세영 **펴낸곳** (주)도서출판 북멘토 **펴낸이** 김태완
편집장 이미숙 **편집** 김정숙, 송예슬 **디자인** 안상준 **마케팅** 이용구, 민지원
출판등록 제6-800호(2006. 6. 13.) **주소** 03990 서울시 마포구 월드컵북로 6길 69, IK빌딩 3층
전화 02-332-4885 **팩스** 02-332-4875 **이메일** bookmentorbooks@hanmail.net
페이스북 https://www.facebook.com/bookmentorbooks

ⓒ 박세영, 2019

※ 잘못된 책은 바꾸어 드립니다.
※ 이 책은 저작권법에 따라 보호를 받는 저작물이므로 무단전재와 무단복제를 금합니다.
    이 책의 전부 또는 일부를 쓰려면 반드시 저작권자와 출판사의 허락을 받아야 합니다.

ISBN 978-89-6319-292-5 73910

이 도서의 국립중앙도서관 출판예정도서목록(CIP)은 서지정보유통지원시스템 홈페이지
(http://seoji.nl.go.kr)와 국가자료공동목록시스템(http://www.nl.go.kr/kolisnet)에서
이용하실 수 있습니다. (CIP제어번호: CIP2019005409)

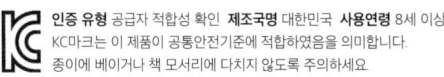

인증 유형 공급자 적합성 확인 **제조국명** 대한민국 **사용연령** 8세 이상
KC마크는 이 제품이 공통안전기준에 적합하였음을 의미합니다.
종이에 베이거나 책 모서리에 다치지 않도록 주의하세요.

 머리말

    3월 1일이 어떤 날인지 알고 있나요? 바로 삼일절이에요. 삼일절은 나라를 되찾기 위해 만세 운동을 하다가 희생한 분들을 기억하려고 만든 날이에요.

    1919년 3월 1일 서울에서는 만세 운동이 일어났어요. 그 시절 우리나라는 일제에 나라를 빼앗겨 고통받고 있었지요. 우리 말과 글도 쓰지 못하고 일제의 간섭과 감시에 시달렸어요. 또 땅이며 재산 등 많은 것을 빼앗겼지요. 견디다 못해 만주로 도망치듯 떠난 사람도 많았어요. 일제의 편에 붙어 자기 배만 불리던 사람도 있었지요.

    하지만 훨씬 더 많은 사람들이 나라를 되찾기 위해 목숨을 걸고 싸웠어요. 3·1 운동은 학생, 노동자, 농민, 상인, 지식인, 종교인 할 것 없이 모든 국민이 뛰어든 독립운동이었어요. 그뿐 아니라 간도, 연해주, 미국 등에 있는 해외 동포들도 "대한 독립 만세!"를

외쳤지요. 우리나라 사람이 있는 곳이라면 어디든 만세 소리가 울려 퍼졌답니다.

어떻게 스마트폰도 SNS도 없던 시절에 여러 나라에서 독립운동을 할 수 있었을까요? 나라를 되찾고 싶은 간절함이 사람들을 하나로 모아 준 게 아닐까요?

3·1 운동은 이웃 나라 중국을 비롯한 수많은 나라에 깊은 울림을 주었어요. 무엇보다 독립운동의 본격적인 시작을 알린 대한민국 임시 정부 수립에 결정적인 영향을 미쳤지요.

자, 이제 역사 크리에이터 남달리와 함께 3·1 운동 그 뜨거운 역사의 현장으로 들어가 볼까요? 수많은 사람들의 피땀과 눈물로 지켜 낸 우리 대한민국의 소중함을 느끼게 될 거예요.

박세영

차례

머리말 • 4

1장 3·1 운동은 어떻게 시작됐을까?

3·1 운동이 일어나기 전, 세계에는 어떤 일이 일어났을까? • 12
그때 일본 도쿄에서는… • 14

이야기로 읽는 생생 역사	도쿄에서 대한 독립 만세를 외치다 • 16
역사 상식 나누기 ①	나라를 강제로 빼앗긴 지 10년, 조선은 어떻게 변했을까? • 24
역사 인물 탐구하기	임시 정부의 첫 여성 의원 김마리아 • 28
남달리의 역사 수첩	독립운동가를 변호한 후세 다쓰지 • 30

2장 3·1 운동이 일어나다

3·1 운동을 누가 준비했을까? • 34
그때 탑골 공원에서는… • 36

이야기로 읽는 생생 역사	만세, 만세, 대한 독립 만세! • 38
역사 상식 나누기 ②	왜 종교 지도자들이 3·1 운동을 준비했을까? • 48
역사 인물 탐구하기	서울역 만세 운동을 이끈 강기덕과 김원벽 • 54
남달리의 역사 수첩	세 가지 독립 선언서 • 56
만화	여학생 비밀 결사대 • 58

3장 온 겨레가 만세 운동에 참여하다
3·1 운동은 어떻게 전국으로 퍼졌을까? • 64

이야기로 읽는 생생 역사	감옥에서도 멈추지 않은 대한 독립 만세 • 68
역사 상식 나누기 ③	나라 밖에서는 만세 운동이 어떻게 일어났을까? • 78
역사 인물 탐구하기	우리들은 '기생 독립단' • 82
남달리의 역사 수첩	3·1 운동에 쓰인 태극기 • 84

4장 일본은 만세 운동을 어떻게 탄압했을까?
일본은 왜 만세 운동을 탄압했을까? • 88

일본의 잔인한 행동이 어떻게 세상에 알려졌을까? • 90

이야기로 읽는 생생 역사	제암리의 눈물 • 92
역사 상식 나누기 ④	일본은 만세 운동을 어떻게 탄압했을까? • 102
역사 인물 탐구하기	34번째 민족 대표 프랭크 스코필드 • 108
남달리의 역사 수첩	이완용과 자제단 • 110
만화	서대문 감옥 여옥사 8호 감방 • 112

5장 국민이 주인인 임시 정부의 탄생

대한민국 임시 정부는 어떻게 만들어졌을까? • 118
한편 연해주와 만주에서는… • 120
의열 투쟁을 이끈 독립운동가 • 121

이야기로 읽는 생생 역사	대한민국 임시 정부가 수립되다 • 122
역사 상식 나누기 ⑤	비폭력 만세 운동은 왜 무장 투쟁으로 바뀌었을까? • 130
역사 인물 탐구하기	독립운동가들의 수호자 조지 루이스 쇼와 이륭양행 • 134
남달리의 역사 수첩	최초의 한국인 비행 학교 • 136

찾아보기 • 139
사진 출처 • 140

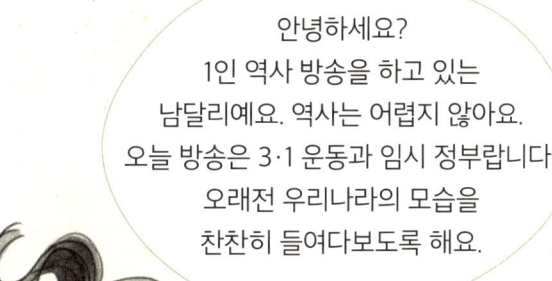

1919년 2월 8일

朝鮮青年獨立團
右代表者

尹白金李全崔
昌寬培光度八
錫洙寺沫演鏞

徐金崔宋李
尚謹鎬恩琮
椿俊昌白根

3·1 운동은 어떻게 시작됐을까?

역사 방송이라니! 재미없다옹!

역사 앞에서 재미 타령이라니! 실망이야!

여러분은 3·1 운동에 대해 얼마나 알고 있나요? 3·1 운동은 빼앗긴 나라를 되찾기 위해 온 국민이 함께 펼쳤던 독립운동이에요. 3·1 운동은 어떤 상황 속에서 일어난 것인지 알아볼까요?

역사가 뭐니?

먹는 거 아냐?

3·1 운동이 일어나기 전, 세계에는 어떤 일이 일어났을까?

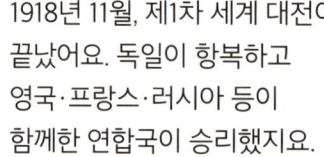

1918년 11월, 제1차 세계 대전이 끝났어요. 독일이 항복하고 영국·프랑스·러시아 등이 함께한 연합국이 승리했지요.

세계 여러 나라 대표가 프랑스 파리에 모여 전쟁 이후에 대해 이야기하기로 했어요. 이것이 파리 강화 회의예요.

상하이에서 활동하던 우리나라 독립운동가들은 신한청년당을 만들었어요. 파리 강화 회의에 김규식을 보내 대한민국 독립을 요청하려고 했지요.

조소앙 신규식 홍명희 선우혁 여운형

미국의 윌슨 대통령은 1918년 1월 의회 연설에서 민족 자결주의를 주장했어요. 민족 자결주의란 모든 민족이 스스로 자기들의 정치적 운명을 정해야 한다는 뜻이에요. 러시아의 지도자 레닌도 윌슨 대통령보다 앞서 힘이 약한 소수 민족들의 독립을 지지했어요.

우리나라 독립운동가들은 지금이 독립할 수 있는 좋은 시기라고 생각했어요. 하지만 서양의 강대국들은 일본의 식민지에서 온 대표에게 관심이 없었어요.

그때 일본 도쿄에서는…

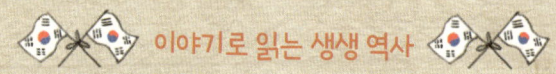

도쿄에서
대한 독립 만세를 외치다

1918년, 제1차 세계 대전이 끝났어요. 그러자 총칼로 다른 나라를 침략했던 제국주의 국가에 대한 비판이 일어났어요. 이러한 분위기 속에서 미국의 윌슨 대통령이 발표한 민족 자결주의는 우리 민족처럼 나라를 빼앗긴 민족에게 큰 희망을 주었답니다.

    1919년 1월, 도쿄에서 공부하던 조선인 유학생들도 세계가 빠르게 변하고 있다는 것을 알아챘어요.
    "지금이 우리나라가 독립할 수 있는 가장 좋은 기회인 것 같습니다."
    "우선 일제가 우리 주권을 부당하게 빼앗은 일을 세계에 알리고 독립의 길을 찾아야 합니다."

"독립 선언서를 만들어서 일본 정부와 각국의 대사에게 보내면 어떨까요?"

유학생들은 거듭 고민한 끝에 도쿄에서 독립 선언식을 하기로

조선 청년 독립단

송계백
2·8 독립 선언서를 국내에 몰래 전달했어요.

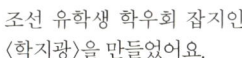
최팔용
조선 유학생 학우회 잡지인 〈학지광〉을 만들었어요.

김도연
해방 후 대한민국 초대 재무부 장관이 되었어요.

김상덕
대한민국 임시 정부에서 독립운동을 했어요.

이종근
조선 기독교 청년회에서 유학생들의 독립운동을 추진했어요.

김철수
조선 청년 연합회를 만들어 민족 계몽 운동에 힘썼어요.

윤창석
2·8 독립 선언식의 사회를 맡았어요.

이광수
2·8 독립 선언서를 썼지만 나중에 친일파가 되었어요.

최근우
독립운동가 여운형과 함께 일본에서 우리나라의 독립을 주장했어요.

백관수
조선 청년 독립단의 회장을 맡았어요.

서춘
2·8 독립 선언식을 이끌었지만 훗날 친일파가 되었어요.

했어요. 최팔용, 백관수, 김도연, 송계백 등 대표 11명은 비밀리에 조선 청년 독립단을 결성했어요.

조선 청년 독립단은 송계백을 몰래 국내로 보냈어요. 도쿄에서 독립 선언식을 하기로 했음을 알리기 위해서였지요. 그리고 독립 운동에 필요한 자금도 마련해야 했어요.

독립 선언서는 글재주가 좋은 이광수가 한글과 영어 두 가지로 작성했어요. 최팔용은 이광수가 걱정되어 몸을 피하도록 했어요. 그래서 이광수는 상하이로 갔어요.

국내로 들어온 송계백은 대학 선배인 현상윤을 찾아갔어요. 그

러고는 사각모자를 벗어 그 안에 감추어 둔 비단 수건을 꺼냈어요.

"아니, 이건 독립 선언서 아닌가?"

현상윤은 깜짝 놀라 송계백을 쳐다보았어요.

"2월 초 도쿄에서 독립 선언식을 하려고 준비 중입니다. 유학생들이 다 모일 테니 꽤 많을 것입니다. 국내에서도 같은 시기에 독립운동을 일으켜 주셨으면 합니다."

송계백의 말에 현상윤은 고개를 끄덕였어요. 그 후 이 독립 선언서는 천도교(우리나라 민족 종교) 3대 교주였던 손병희에게 전달되었어요.

"유학생들이 독립운동을 한다는데 우리가 어떻게 보고만 있을 수 있겠나?"

손병희는 국내 지도자들과 함께 독립운동을 일으키겠다고 약속했어요.

1919년 2월 7일 도쿄의 밤, 백관수는 후배들을 자취방으로 불러 모았어요. 그리고 낮은 목소리로 말했어요.

"독립 선언서에 서명한 사람들은 무사하지 못할 거야. 혹시라도 우리에게 무슨 일이 생기면 너희들이 우리 뒤를 이어 가 주길 바란다."

다음 날 오후 2시, 도쿄에는 눈이 펑펑 내렸어요. 그럼에도 조선 기독교 청년회(YMCA) 회관에는 일찍부터 모여든 6백여 명의 유학생들로 발 디딜 틈이 없었어요.

제일 앞줄에 서 있던 최팔용이 단상에 올라 큰 소리로 외쳤어요.

"지금부터 조선 청년 독립단 유학생 대회를 시작하겠습니다!"

여기저기서 박수와 환호성이 쏟아졌어요.

조선 청년 독립단은 우리 이천만 조선 민족을 대표하여 정의와 자유의 승리를 얻은 전 세계 앞에서 독립을 이루기를 선

2·8 독립 선언식을 한 조선 기독교 청년회(YMCA) 회관

언하노라. …… 우리 민족은 생존의 권리를 위해 모든 방법을 써서 마지막 한 사람까지 자유를 위한 뜨거운 피를 흘릴 것이다.

독립 선언서를 읽던 백관수도, 듣고 있던 학생들도 목이 메었어요. 뒤이어 김도연이 나와 힘찬 목소리로 결의문을 읽기 시작했어요.

만일 일본이 우리 민족의 정당한 요구에 응하지 않는다면 우리 민족은 일본에 대하여 영원히 피 흘리며 싸울 것을 선포한다!

"대한 독립 만세!"

강당 안은 만세 소리로 떠나갈 듯했어요. 그때 한 학생이 나서서 더 크게 외쳤어요.

"모두 거리로 나갑시다! 우리의 의지를 일본인들에게도 알려야 합니다!"

만세를 외치던 학생들은 너나 할 것 없이 출입구 쪽으로 몰려갔

2·8 독립 선언을 한 도쿄 유학생들

어요. 그 순간 일본 경찰들이 학생들을 막아섰어요. 이미 수십 명의 일본 경찰들이 학생인 척하며 섞여 있었던 거예요. 그들은 인정사정없이 학생들을 향해 몽둥이를 휘둘렀어요.

"모두 돌아가라! 잡혀가고 싶지 않으면 돌아가!"

그러나 학생들은 물러서지 않았어요. 학생들과 경찰들이 뒤엉키면서 강당은 아수라장이 되었고, 학생들은 하나둘씩 끌려 나갔어요. 학생 대표를 포함한 많은 학생들이 그 자리에서 체포되었지요.

유학생들의 독립을 향한 열정은 여기서 멈추지 않았어요. 2월 12일 유학생 백여 명이 도쿄 히비야 공원 광장에 모였어요. 그들은 힘으로 우리 민족을 억누르는 일제의 무단 통치를 비판하고 독립을 요구하는 연설을 했어요. 23일에도 히비야 공원에서 독립운동을 벌이려고 했지만 일본 경찰에 붙잡히고 말았지요.

이후 많은 유학생이 조국에서 다시 한 번 독립운동을 일으키기 위해 고향으로 돌아오기 시작했어요.

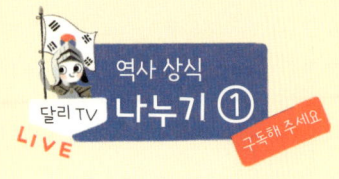

나라를 강제로 빼앗긴 지 10년, 조선은 어떻게 변했을까?

1910년대 헌병 경찰

도쿄에서 2·8 독립 선언서를 발표한 유학생들의 이야기를 읽어 보니 어땠나요?

 목숨을 걸고 독립운동을 하다니…… 정말 존경스러워요.

 저도 많이 감동했어요.

 1910년 나라를 빼앗긴 후 3·1 운동이 일어나기 전까지 우리 민족은 어떻게 살았을까요?

 그 시기에 무단 통치가 이루어졌다고 들었는데…….

 맞아요! 일본은 우리나라를 무력으로 다스리는 무단 통치를 했어요. 군인인 헌병들이 경찰 업무를 대신하면서 사사건건 우리 민족을 감시했지요.

 헌병이 총이나 칼을 차고 다니며 사람들을 감시하니 정말 무서웠겠어요.

 바로 그런 두려움을 심어 주기 위해 무단 통치를 한 거예요. 게다가 헌병 경찰들은 자기 마음대로 조선 사람에게 태형이라는 벌을 주었대요.

 태형이 뭐예요?

 태형은 옷을 벗겨 볼기를 치는 잔인한 형벌이에요. 억울하게 죽거나 다친 사람들이 아주 많았다고 해요.

동양 척식 주식회사

동양 척식 주식회사(경성 지사)

일본은 우리나라의 토지와 자원을 빼앗기 위해 동양 척식 주식회사를 만들었어요.

 동양 척식 주식회사는 어떤 일을 했어요?

 우선 토지 조사 사업에 대해 알려 줄게요. 조선 총독부는 1912년부터 1918년까지 토지 조사 사업을 벌였어요. 기간을 정해 놓고 토지의 주인과 크기 등을 신고하게 했지요.

 이 조사가 우리 땅을 뺏기 위한 거예요?

 맞아요. 신고 기간이 너무 짧고 절차가 복잡해서 신고하지 못한 사람들이 많았어요. 일본이 싫어 신고를 안 한 사람도 많았지요. 그러자 총독부에서는 신고하지 않은 땅을 전부 빼앗아 갔어요. 동양 척식 주식회사는 바로 이런 땅을 관리하거나 돈 많은 일본인에게 파는 일을 했답니다.

 그때 조선인들은 대부분 농민이었을 텐데 땅을 빼앗기고 어떻게 되었어요?

 아무리 열심히 일해도 살기가 힘들어서 도시나 광산으로 가는 사람들이 많았어요. 하지만 그곳에서도 살기 힘든 건 마찬가지였지요.

 아예 만주나 연해주로 떠난 가족들도 있었대.

삼림령, 어업령, 광업령, 회사령

수탈한 철광석을 철로 바꾸던 겸이포의 미쓰비시 제철소

일제는 삼림령, 어업령 등 여러 법령을 만들어서 우리나라 자원을 빼앗아 갔어요.

 어휴, 산, 바다, 광산, 회사까지 일제가 손대지 않은 곳이 없었네요.

 그러게. 일제가 만든 법령의 이름만 봐도 무얼 빼앗으려고 했는지 알 수가 있네요.

 그래요. 임야 조사 사업을 한 뒤에는 많은 숲이 조선 총독부 소유가 되었지요.

 무슨 조사만 하면 다 빼앗아 갔고만. 이럴 수 있는 거야?

 삼림령 때문에 동네 뒷산에서 땔나무도 못했대요.

 어부가 물고기 잡는 것도 감시했대요. 정말 너무하네.

 일본은 광산을 개발할 권리를 총독부 마음대로 줄 수 있게 했어요. 그렇게 일본은 우리나라의 광산을 독차지했지요.

 그게 광업령이죠?

 맞아요. 또 누구든 회사를 세우려면 총독부 허가를 받아야 했는데 이익이 큰 사업들은 일본 대기업이 차지했어요.

 일본이 자기들한테 유리하도록 우리나라 법을 다 바꿔 버린 거네요.

> 난 오랫동안 독수리를 꿈꿨어.

신흥 무관 학교

> 이런 상황에서도 독립을 꿈꾸는 사람들이 있었어요.

신흥 무관 학교에서 만든 백서농장

 우아, 어떻게요?

 사람들은 비밀리에 독립운동 단체를 만들었어요. 만주에 신흥 무관 학교를 세우고 독립 전쟁을 준비한 사람들도 있었지요.

 학교에서 전쟁을 준비해요?

 신흥 무관 학교는 독립군을 길러 내기 위한 학교였어요. 일본군과 싸울 수 있도록 군사 이론과 기술을 가르치고 훈련시켰지요.

 그렇군요.

 신흥 무관 학교는 조선 시대 명문 가문이었던 이회영 형제가 세웠어요. 그리고 백두산의 서편에는 교관과 졸업생들이 군사 기지인 백서 농장을 만들었어요.

 군사 기지인데 왜 농장이에요?

 중국을 의식해서 농장이라 이름 지었을 뿐 군사 기지와 다름없었어요. 전쟁을 위한 훈련에 주력하고 농사를 겸했답니다.

 나라를 되찾기 위해 정말 많은 노력을 했구나.

역사 인물 탐구하기

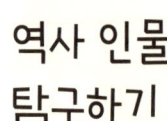

임시 정부의 첫 여성 의원
김마리아

2·8 독립 선언의 기운이 이어지기 위해서는 누군가 국내에 도쿄의 상황을 알려야 했어요. 하지만 조선 유학생들에 대한 일본 경찰들의 감시가 날이 갈수록 심해졌어요. 그때 김마리아가 나섰어요. 한 달밖에 남지 않은 졸업을 포기하고 부산으로 가는 배를 탔지요.

김마리아는 국내 지도층 인물들을 찾아다니며 독립의 기회가 왔다는 것을 알렸어요. 그리고 2·8 독립 선언서를 나눠 주었지요.

하지만 김마리아에게는 더 중요한 목표가 있었어요.

김마리아는 여자들이 참여해야 독립운동이 성공할 수 있다고 믿었어요. 그래서 고향인 황해도로 가서 여성들의 독립운동 참여를 이끌었어요. 서울에서는 황애덕, 나혜석과 함께 이화 학당의 교사와 학생들을 만나 비밀회의를 열었고, 여학생들의 3·1 운동을 도왔답니다.

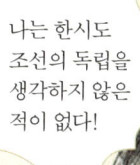

나는 한시도 조선의 독립을 생각하지 않은 적이 없다!

어린 여학생들이 총칼을 두려워하지 않고 만세 운동에 나서자 일본은 깜짝 놀랐어요. 누구에게 영향을 받았는지 조사하던 일본 경찰은 결국 김마리아를 잡아 가뒀어요.

김마리아는 감옥에서 얼마나 심한 고문을 받았는지 몰라요. 하지만 감옥에서 풀려난 뒤에도 독립운동을 계속했어요.

김마리아는 여성 독립운동 단체를 만들어 대한민국 임시 정부를 도왔어요. 훗날 상하이로 간 뒤에는 여성 최초로 대한민국 임시 의정원(지금의 국회) 의원으로 당선되었어요.

안창호가 김마리아 같은 여성이 10명만 있었다면 우리나라는 더 빨리 독립했을 것이라고 말했을 정도예요. 하지만 안타깝게도 김마리아는 독립을 보지 못하고 1944년에 세상을 떠났어요.

1962년 우리나라 정부는 김마리아에게 건국 훈장 독립장을 주었답니다.

김마리아 같은 여성 동지가 10명만 있었다면….

안창호

남달리의 역사 수첩

독립운동가를 변호한 후세 다쓰지

나는 양심을 믿는다.

조선의 독립을 축하합니다. 이날은 나에게도 자유의 날입니다.

일본인으로서 조선인 학살 문제에 대해 진심으로 사죄하고 자책한다.

이 세상 단 한 사람도 고통 속에 있어서는 안 되며 올바른 문화 속에서는 단 한 사람도 차별당해서는 안 된다.

후세 다쓰지는 도쿄의 메이지 대학 법학과를 졸업했어. 힘없는 민중을 돕는 인권 변호사가 되고 싶었지. 후세 다쓰지는 일본의 식민지인 조선에 관심이 많았어. 마침 1919년 도쿄에서 조선인 유학생들의 2·8 독립 선언이 일어난 거야.

변호사다옵!

일본에도 이런 양심이!

후세 다쓰지는 이 사건으로 체포된 학생들이 무죄라고 변호했어.

학생 신분으로 자기 나라의 독립을 부르짖은 것이 어찌 일본의 헌법 질서를 위태롭게 한다는 말입니까?

최팔용을 비롯하여 여러 유학생들이 후세 다쓰지에게 무료로 변론을 받을 수 있었지.

후세 다쓰지는 일제 강점기 동안 수많은 독립운동가와 조선 민중을 변호해 주었어. 일본의 양심을 보여 준 용기 있는 사람이었지.

후세 다쓰지가 죽은 뒤 묘비에는 그의 좌우명이 새겨졌어.

'살아야 한다면 민중과 함께, 죽어야 한다면 민중을 위하여!'

대한민국 정부는 후세 다쓰지가 대한민국의 독립을 위해 노력한 공로를 기리며 2004년 건국 훈장 애족장을 주었어.

건국 훈장 애족장

건국 훈장은 대한민국을 세우거나, 국가의 기초를 다지는 데 공을 세운 사람에게 주는 대한민국의 훈장이야.

1919년 3월 1일

3·1 운동이 일어나다

도쿄의 2·8 독립 선언식이 알려지자 국내의 독립운동가들도 서둘러 움직였어요.

3·1 운동은 누가 어떻게 준비했을까요?

3·1 운동을 누가 준비했을까?

1월 21일 고종 황제가 갑자기 세상을 떠났어요. 일본에 대한 분노로 들끓고 있을 때 독립운동을 해야 한다고 생각한 천도교 지도자들은 옛 대한 제국의 신하들을 찾아갔어요.

독립운동? NO!

윤치호 박영효

조선에는 인물이 없어서 안 돼!

독립운동! YES!

두말할 필요도 없소.

기독교
이승훈

천도교
손병희

불교
한용운

조선의 백성이라면 당연히···

대신들은 거절했지만 종교 지도자들은 힘을 합쳤어요. 함께할 종교인들을 모으고 독립 선언서를 작성했지요.

2월 27일 보성사

그게 뭐냐? / 아… 아무것도. / 친일 경찰한테 딱 걸렸어.
신철   이종일   김홍규

우리가 빠질 수 없지!

곧이어 학생들도 독립운동을 함께 하기로 했어요.

걱정 마세요! / 부디 경찰을 조심하시오!

하마터면 독립 선언서를 인쇄하지 못할 수도 있었어요. 위기를 넘기고 마침내 3월 1일이 되었어요.

3월 1일 태화관

오늘 우리 29명이 모인 이유는 조선의 독립을 선언하기 위한 것으로 아주 영광스런 날이며…

뭐라고? 조선 독립? 거기가 어디라고?

민족 대표

그때 탑골 공원에서는…

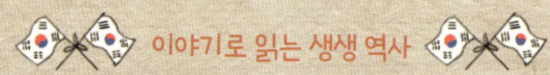

만세, 만세, 대한 독립 만세!

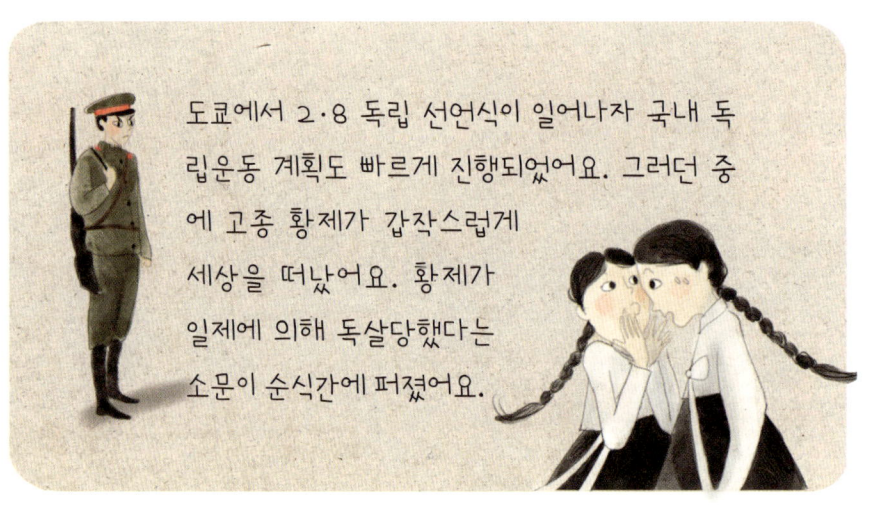

도쿄에서 2·8 독립 선언식이 일어나자 국내 독립운동 계획도 빠르게 진행되었어요. 그러던 중에 고종 황제가 갑작스럽게 세상을 떠났어요. 황제가 일제에 의해 독살당했다는 소문이 순식간에 퍼졌어요.

송계백이 현상윤을 만난 다음 날, 천도교 지도자 몇몇이 교주인 손병희를 찾아갔어요.

"도쿄에서 독립 선언식이 있었다고 합니다. 우리 천도교에서도 독립 선언을 서둘러야 합니다."

"이것은 우리 천도교만의 독립운동이 아니오. 국내의 독립운동은 온 민족이 참여할 수 있어야 하오."

"맞는 말씀입니다. 더 많은 사람이 함께할수록 큰 힘을 발휘하게 될 것입니다."

손병희의 제안에 천도교 지도자들은 우선 옛 대한 제국의 대신들을 찾아갔어요. 하지만 그들은 여러 가지 이유를 대며 거절했어요. 천도교 지도자들은 발길을 돌려 다른 종교 지도자들을 찾아 나섰어요.

기독교에서는 이승훈, 불교에서는 한용운이 동참하겠다고 나섰어요. 이렇게 여러 종교 지도자들이 뜻을 모아 민족 대표가 정해졌어요.

민족 대표 33인은 손병희를 총대표로 뽑았어요. 따로 독립운동을 준비하던 학생 대표들도 이 소식을 듣고 힘을 합치기로 했어요. 하지만 모든 일이 순조로웠던 것은 아니에요.

2월 27일 밤, 천도교 지도자들은 최남선이 쓰고 민족 대표 33인이 서명한 독립 선언서를 인쇄하려고 했어요. 그런데 악명 높은 친일 경찰 신철이 인쇄소로 들이닥쳤어요. 그는 인쇄된 독립 선언서를 보더니 일본 경찰을 부르겠다고 엄포를 놓았어요.

천도교 지도자들은 서둘러 신철에게 뇌물을 주었어요. 그리고 간절한 표정으로 설득했어요.

"당신도 조선인 아니오? 이번 일만 눈감아 주시오."

돈에 욕심이 났던 신철은 그대로 돌아갔어요. 덕분에 독립 선언서는 무사히 인쇄되었고, 종교 단체들의 비밀 조직을 통해 나라 안팎으로 전달되었어요.

다음 날, 손병희의 집에 민족 대표들이 모였어요.

"우리가 독립운동을 하기로 한 3월 3일은 고종 황제의 장례식입니다. 소란스럽게 하는 것은 도리가 아닌 듯합니다."

"저도 그 점이 마음에 걸렸습니다. 3월 2일로 당기면 어떻겠습니까? 장례식에 맞춰 사람들이 서울로 오고 있으니 뒤로 미루는 것은 좋지 않을 것입니다."

"3월 2일은 주일이라 저희 기독교 쪽에서 좀 곤란합니다. 3월 1일 토요일은 어떻습니까?"

이렇게 해서 만세 운동 날짜는 3월 1일로 정해졌어요.

드디어 3월 1일 아침이 밝았어요. 어느새 만세 운동을 한다는

소문이 온 시내에 퍼졌지요.

"조선이 독립국임을 선언한대. 너도 소문 들었지?"

"응. 오늘 2시에 탑골 공원이래."

학생들은 마음이 들떠 수업에 집중할 수 없었어요.
시민들도 가슴이 뜨겁게 타올랐어요.

고종 황제 장례식에 맞춰 서울에 온 수많은 사람들도 탑골 공원으로 모여들었어요. 2시가 채 되기도 전에 탑골 공원은 학생들과 시민들로 가득 찼어요.

오늘 2시, 탑골 공원이야!

이따가 만나서 같이 가자.

그런데 약속한 시각이 되어도 민족 대표들이 나타나지 않았어요. 학생 대표들은 민족 대표들이 태화관이라는 요릿집에 모여 있다는 소식을 듣고 그곳으로 뛰어갔어요.

"여기서 뭐 하세요? 탑골 공원에 사람들이 모여 있는데, 어서 가셔야죠."

하지만 민족 대표들은 차분한 목소리로 말했어요.

"독립 선언식이 끝나면 우리는 다 체포될 걸세. 혹시라도 공원에서 폭력 사태가 일어나서는 안 되네."

"그래, 꼭 명심하게. 우리는 이곳에서 독립 선언식을 할 테니 자네들끼리 돌아가게."

학생들이 돌아간 뒤 한용운은 자리에서 일어나 독립 선언서를 읽었어요. 민족 대표들은 큰 소리로 만세를 세 번 불렀어요. 그때

네? 저희가 탑골 공원을요?

우리는 여기에서 독립 선언식을 할 테니 자네들은 탑골 공원을 맡아 주게.

일본 경찰들이 태화관에 들이닥쳤고, 민족 대표들은 그 자리에서 체포되었지요.

그 시각 탑골 공원에서는 학생 대표들이 독립 선언식을 주도했어요. 정재용이 단상 위에 뛰어올라 힘차게 독립 선언서를 낭독했어요.

"이제 우리는 우리 조선이 독립국임과 조선인이 자주민임을 선언한다! 이를 세계만방에 알려 인류가 평등하다는 큰 뜻을 분명히 밝히고, 자손만대에 알려 민족자존의 올바른 권리를 영원히 누리도록 한다."

탑골 공원에 모인 학생들과 시민들은 태극기를 흔들며 다 함께 만세를 외쳤어요.

"대한 독립 만세!"

"대한 독립 만세!"

우렁찬 만세 함성이 종로 거리를 뒤흔들었어요. 수업을 듣다가 달려온 학생들, 상점 문을 닫고 나온 상인들, 고종 황제의 장례식을 보러 온 사람들이 행진을 시작했어요. 길을 지나가다 만세 행렬을 따라가는 사람도 있었고, 무리를 구경하다 만세를 외치는 사람들도 많았어요.

얼마 후, 한 무리는 종로에서 남대문을 거쳐 충정로 쪽으로 나아갔고, 다른 한 무리는 종로에서 덕수궁을 지나 을지로를 향해 행진했어요.

미국 영사관 앞을 지나가는 조선인 시위대

"조선은 독립국입니다. 왜 우리가 일본의 지배를 받아야 합니까?"
"맞습니다! 일본은 물러가라! 물러가라! 물러가라!"
"대한 독립 만세!"
행진하는 동안 사람들의 연설과 환호가 끊이지 않았어요. 일본

만세 운동에 참여한 사람들로 가득한 거리

1919. 3·1

의 지배에서 벗어나 독립을 이루기 위해 모두가 한마음으로 대한 독립 만세를 외쳤지요.

    서울 시내에서 일어난 시위는 저녁이 되자 교외로 퍼졌어요. 오후 8시 무렵에는 마포에서 전차 종점에 내린 사람들이 모여 시위를 벌였어요. 오후 11시에는 신촌의 연희 전문학교 부근에서 학생 2백여 명이 시위를 벌였지요.

그뿐만 아니라 평양, 진남포, 안주, 선천, 의주, 원산에서도 약속했던 대로 독립 선언서가 낭독되고 만세 운동이 일어났어요. 모두 종교인들과 학생들이 함께 일으킨 만세 운동이었지요. 하지만 조선 천지를 뒤흔든 만세 함성은 이제부터 시작이었어요.

왜 종교 지도자들이 3·1 운동을 준비했을까?

📶 어떻게 모든 종교가 힘을 합쳤을까?

 왜 정치인이 아닌 종교 지도자들이 독립운동을 준비했을까?

 그때는 무단 통치 때문에 정치 활동이 금지되고 사람들이 마음대로 모일 수가 없었어.

 맞아. 남달리 누나가 그러는데, 조선 사람 세 명만 모여 있어도 일본 헌병이 잡아갔대.

 옛날 대한 제국 신하들은 정말 비겁해. 독립운동 안 한다고 거절했잖아.

 천도교나 기독교는 어떻게 모인 거지? 종교인들은 모여도 안 잡아갔나?

 일제가 종교와 학교는 허용했으니까. 게다가 기독교는 외국인 선교사들이 학교와 병원을 세우고 선교하고 있어서 함부로 대하기 어려웠을 거야.

 맞아. 일본이 미국이나 영국 눈치를 많이 봤대.

기독교는 원래 다른 종교랑 어울리기 꺼려하지 않았나? 어떻게 모든 종교가 힘을 합쳤지?

 나도 그게 궁금해.

그만큼 독립이 중요하니까 힘을 합친 거 아닐까? 우리 반도 평소에는 끼리끼리 놀다가 체육대회 날은 하나로 뭉치잖아.

 비교할 걸 비교해.

다른 게 뭐가 중요해? 힘을 합쳤다는 게 중요하지. 이렇게 많은 사람이 참여한 독립운동은 전 세계 어디에도 없었대.

 정말? 갑자기 어깨에 힘들어 가는데…….

📶 가장 발 빠르게 준비한 천도교

 3·1 운동이 일어나기까지 가장 발 빠르게 움직인 종교는 천도교야. 독립 선언서도 작성하고 돈도 가장 많이 댔대.

돈? 얼마나?

 천도교는 1918년 봄에 중앙대교당을 새로 지으려고 성금을 백만 원이나 모았대.

백만 원은 좀 적지 않아?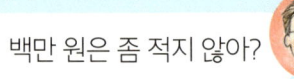

 지금의 백만 원을 생각하면 안 되지.

그래, 그때 백만 원은 어마어마한 금액이었어. 모은 백만 원 중에서 27만 원 정도만 대교당을 짓는 데 쓰고, 나머지는 3·1 운동이랑 다른 독립운동에 사용했대.

 그 돈은 남자들이 짚신을 만들고, 여자들은 삯바느질을 해서 모은 거래. 정말 눈물겹지 않아?

 이게 그때 지은 중앙대교당이래. 사진 봐! 서울 종로구에 가면 볼 수 있대.

천도교랑 기독교는 어떻게 힘을 합치게 된 거지?

 기독교는 외국인 선교사들이 많으니까 외국에 독립운동 소식을 알리기 좋잖아. 그리고 기독교든 천도교든 한민족이잖아. 힘을 모으기 위해 참여를 요청했겠지.

 독립 선언서 인쇄도 천도교에서 했어. 천도교에서 지방에 인쇄기를 보급했는데, 이것이 전국으로 만세 운동이 퍼져 나가는 데 큰 역할을 했대.

앞서거니 뒤서거니 기독교와 불교

 기독교에서는 3·1 운동을 어떻게 준비했어?

 기독교는 평안도와 황해도의 교회를 중심으로 준비했어. 중국과 가까워서 일찍부터 새로운 문물을 받아들이면서 기독교가 크게 성장한 곳이거든.

 서북 지역 기독교 지도자들은 그 전부터 비밀 독립운동 단체인 신민회를 돕고 있었어.

 그쪽 지역에서는 평양에 있는 학교들과 정주, 선천의 교회들이 중심이 돼서 독립 선언식을 하고 만세 운동을 벌이기로 했지.

 서울에서는 어떻게 준비했어?

 서울에서는 기독교 청년회 중심으로 전문학교(지금의 대학교) 학생들을 모아 독립운동을 준비했어. 개인적으로 독립운동을 준비하고 있던 학생들을 3·1 운동에 동참하게 했지.

 불교는 대표가 두 명밖에 없잖아.
왜 그런 거야?

 유교의 나라였던 조선에서 불교는 탄압을 받았기 때문에 절들이 깊은 산속에 있었어. 그래서 독립운동 소식을 전달하기도, 전달받기도 어려웠지.

 다행히 한용운이 불교 잡지를 만드느라 서울에 있었어. 천도교를 통해 소식을 듣고 불교계에 바로 알렸대.

 그런데 유학자들은 왜 참여하지 않은 거야?

 유학자들도 의병을 일으켜서 일본에 맞서 싸웠어.

 유학자들은 생각이 좀 달랐어. 독립하고 나서는 황제가 다스리는 국가로 돌아가기를 원했거든. 천도교와 기독교 지도자들은 민주적이고 평등한 나라를 꿈꿨고.

 그래도 한용운은 유학자들을 민족 대표에 포함시켜야 한다고 주장했어. 결국 안 됐지만.

 그랬구나.

📶 민족 대표 33인은 어떻게 되었을까?

 민족 대표 33인은 어떻게 정해진 거야?

독립운동에 참여한 민족 대표는 50여 명 정도인데 그중 독립 선언서에 서명한 사람이 33인인 거야.

 3·1 운동 후에 민족 대표들은 어떻게 됐어?

민족 대표 대부분이 잡혀갔지. 감옥에서 나온 뒤 몇몇은 다시 독립운동을 했지만 대다수는 순수한 종교 운동으로 돌아갔어. 민족 대표들의 재판에 대한 기사가 실린 신문을 찾았어.

 나중에 배신하고 일본 편이 된 사람도 있대.

민족 대표들이 잡혀간 뒤에도 만세 운동을 주도했던 학생들이 정말 대단한 것 같아.

역사 인물 탐구하기

서울역 만세 운동을 이끈

강기덕과 김원벽

서울의 전문학교 대표들은 1월부터 모여 국내 독립운동을 계획하고 있었어요. 그러던 중에 3·1 운동 소식을 듣게 되었지요. 그들은 서울에 있는 고등 보통학교(지금의 중·고등학교) 학생 대표를 뽑아 연락망을 만들었어요. 그리고 비밀리에 독립 선언서를 서울 곳곳에 나누어 주었지요.

학생들은 만세 운동이 한 번에 그쳐서는 안 된다고 생각했어요. 그래서 또 하나의 만세 운동을 계획했어요.

1919년 3월 5일 오전 9시, 서울역 광장에 인력거 한 대가 나타났어요. 고동색 두루마기를 입은 사람이 인력거 위로 올라서더니 '조선 독립'이라고 쓴 커다란 기를 높이 들고 외쳤어요.
"조선 독립 만세!"
잠시 후 또 다른 인력거가 나타났어요. 이번에는 흰 두루마기를 걸친 사람이 똑같은 기를 휘둘렀지요. 이들은 강기덕과 김원벽이었어요. 곧이어 조선독립신문이 뿌려지고 학생들이 사람들에게 태극기를 나눠 주기 시작했어요.

고종 황제 장례식이 끝나고 고향으로 돌아가려던 사람들은 학생 무리와 함께 남대문 방향으로 행진했어요. 하지만 남대문에는 이미 일본 기마경찰들이 길목을 막고 있었어요.
그곳에서 강기덕과 여러 학생이 체포되었어요. 하지만 시위대는 무리를 나눠 각각 조선은행과 대한문 방향으로 행진을 계속했어요. 1만여 명의 사람들을 이끌던 김원벽은 일본 경찰들의 폭력에 빗장뼈가 부러졌어요.
서울역 만세 운동은 전국적으로 만세 운동이 일어나는 데 결정적인 역할을 했답니다.

보성 법률상업 전문학교(지금의 고려대학교)에 다니던 강기덕과 연희 전문학교(지금의 연세대학교)에 다니던 김원벽은 3·1 운동에 학생 대표로 참여했어요. 두 사람은 서울역 만세 운동을 일으킨 죄로 2년 동안 감옥살이를 했지요. 감옥에서 나온 뒤 강기덕은 고향 함경남도로 돌아가 독립운동을 계속했지만 김원벽은 35세에 병으로 일찍 세상을 떠났어요.

3·1 운동 전후로 서울, 도쿄, 만주, 러시아 등에서도 독립 선언서를 발표했어. 내용이 조금씩 다르긴 하지만 독립을 바라는 마음은 한결같았어. 그중 널리 알려진 세 가지 독립 선언서를 살펴보려 해.

독립 선언서라고 하면 보통 3·1 운동 당시 민족 대표 33인의 이름으로 발표된 3·1 독립 선언서를 말해. 1919년이 기미년이라서 기미 독립 선언서라고도 하지. 이 독립 선언서는 전국에서 만세 운동이 일어날 때마다 사용되어 우리 민족의 독립을 향한 열망을 분명하게 알렸어.

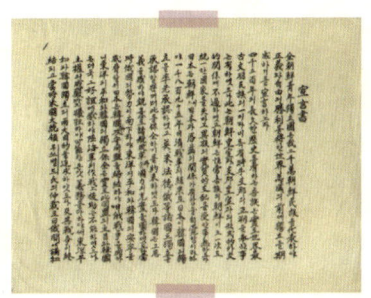

2·8 독립 선언서는 2월 8일 도쿄 유학생들이 조선 청년 독립단의 이름으로 발표한 독립 선언서야. 조선의 독립은 정당하다고 주장하고 일제 식민 통치를 비판했어. 또 우리 민족은 민주주의 국가를 건설하고 세계 평화에 힘쓰겠다고 했지.

3·1 운동이 일어나기 전인 1918년 만주에서 대한 독립 선언서가 발표되었어. 여기에 서명한 사람들은 항일 독립운동을 하던 이름난 독립운동가들이었어. 모두들 죽을 각오로 무장 투쟁을 하겠다고 선언했지.

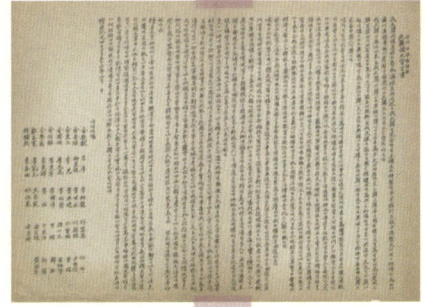

어둡고 힘들었던 일제 강점기.
죽음을 각오하고 일제와 싸웠던
독립운동가들이 있었다.

그중에서도 빛나던 이들이 있었으니….

여학생 비밀 결사대

1919년 평양

숭의 여학교 교사 김경희는 제자 황애덕, 박현숙, 이효덕과 비밀 결사대 '송죽회'를 만들었다.

송죽회의 대원은 전원 찬성으로 뽑았다.

아직 준비가…

No!

좀 더 강인한 의지와 인내심이 필요해.

전국의 만세 운동에서 활약한 그들은

한편, 개성에서는…

개성 남대문

김마리아가 조직한 대한 애국 부인회에서도 큰 역할을 했다.

개성 호수돈 여학교.

한밤중 기숙사에 몰래 모인 학생들이

기숙사 커튼을 뜯기 시작했다.

그들은 커튼으로 수백 개의 태극기를 만들었다.

3월 3일, 학생들의 외침으로 2차 개성 만세 운동이 시작되었다.

그중 한 명이었던 조화벽은 고향인 양양으로 떠나기 전에 독립 선언서를 베껴 썼다.

그리고 버선목에 넣어 꿰맸다.

무사히 도착한 조화벽은 4월 4일 양양 만세 운동을 이끌었다.

서울에는 1907년에 만들어진 이화학당 동아리 '이문회'가 있었다.

이문회 학생들은 오후 3시가 되면 수업을 중단하고, 독립을 기원하는 기도회와 시국 토론회를 열었다.

3·1 운동이 일어났을 때도 비밀 결사대를 만들고 누구보다 열심히 만세 운동을 했다.

일신 여학교는 부산에서 제일 먼저 만세 운동을 일으켰다. 한 학생이 가져온 옥양목으로 태극기 50여 개를 만들었다.

3월 11일 오후 9시, 태극기를 든 시민들이 행진을 시작했다.

이날부터 경상도 곳곳에서 만세 운동이 일어났다.

결혼식 한복을 지을 천인데 태극기를 만들었으면 해.

정말 그래도 돼?

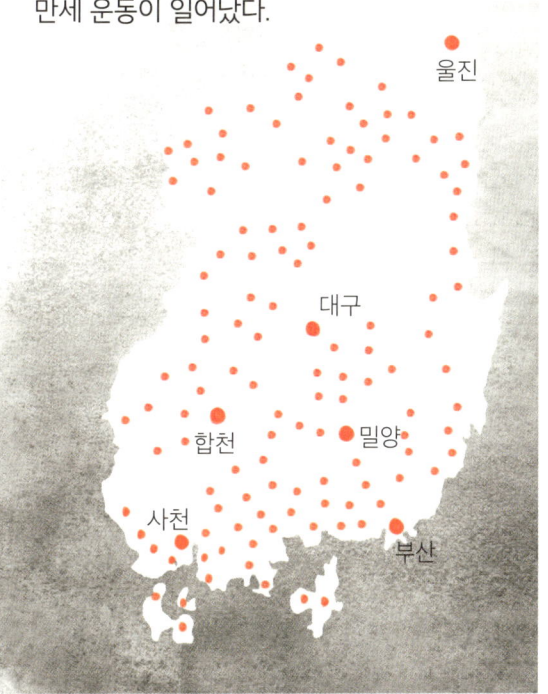

1919년 4월 1일

온 겨레가 만세 운동에 참여하다

지방에서 온 수많은 사람들이 3·1 운동에 함께했어요. 고향으로 돌아간 사람들이 각자의 마을에서 만세 운동을 이끌자 순식간에 전국으로 퍼져 나갔어요.

확인하자! 확인하자!

어서 가서 확인하자!

어디를 또 가냐옹!

3·1 운동은 어떻게 전국으로 퍼졌을까?

우리 마을에서도 만세 운동을!

3월 1일, 서울뿐만 아니라 평양, 진남포, 안주, 의주, 선천, 원산에서도 만세 운동이 일어났어요. 만세 운동은 북에서 남으로, 도시에서 농촌으로, 나라 안에서 밖으로 퍼져 나갔답니다.

정말이냐옹!

해외로! 해외로!

철도역이 있는 북쪽의 도시들은 독립 선언서를 일찍 전달받았어요. 특히 기독교인이 만세 운동에 많이 뛰어들었어요.

원산역

독립 선언서를 가져왔습니다.

어제부터 기다리고 있었습니다.

처음에는 종교인들과 학생들이 만세 운동을 이끌었지만 점차 노동자와 상점 주인들까지 함께했어요. 학생들은 학교에 가지 않았고, 노동자들은 일을 마다하고, 상점 주인들은 가게 문을 닫고 만세 운동에 참여했지요.

곧 농촌으로 퍼져 간 만세 운동은 장터에서 일어났어요.

예전부터 농민 항쟁에서 많이 쓰인 횃불 시위, 봉화 시위도 일어났지요.

만세 운동은 나라 밖으로도 퍼졌어요. 간도, 연해주부터 미국까지 우리 민족이 있는 곳이면 어디든지 만세 운동이 일어났지요.

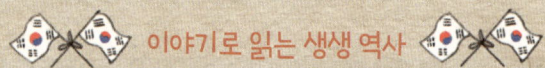

감옥에서도 멈추지 않은
대한 독립 만세

3·1 운동이 전국으로 퍼지는 데는 학생들의 역할이 컸어요. 만세 운동을 막으려고 조선 총독부가 휴교 명령을 내릴 정도였지요. 그중에서도 고향인 천안으로 내려간 유관순의 활약은 참으로 눈부셨어요.

유관순이 이화 학당 고등과 1학년이 되던 1919년에 서울에서 3·1 운동이 일어났어요. 유관순은 만세 운동이 일어나기 며칠 전에 이화 학당의 비밀 단체인 이문회 선배들을 통해 이 소식을 들었어요. 그래서 함께할 친구들을 모았어요.

"나는 잔 다르크처럼 잃어버린 나라를 되찾는 사람이 되겠다고 결심했어. 내일 있을 만세 운동에 꼭 참여할 거야."

"관순아, 우리도 같은 생각이야. 무슨 일이 있어도 우리는 흩어지지 말자."

유관순과 친구들은 손을 꼭 잡고 다짐했어요.

3월 1일, 탑골 공원을 나온 만세 시위대가 유관순이 다니는 학교 앞을 지나갈 때였어요. 선생님들이 말렸지만 유관순은 친구들과 함께 학교 담을 넘었어요. 군중 속으로 뛰어 들어가 목이 터져

라 대한 독립 만세를 외쳤어요.

3월 5일 서울역 광장에서 만세 운동이 일어났을 때도 유관순은 친구들과 함께 참여했어요. 두 번의 만세 운동으로 유관순의 독립을 향한 열정은 더욱더 뜨겁게 타올랐어요.

학생들이 3·1 운동을 이끌어 나가는 모습에 조선 총독부는 3월 10일 중등학교 이상의 모든 학교에 임시 휴교령을 내렸어요. 학교의 문을 닫아 학생들이 모이지 못하게 한 거예요. 하지만 유관순은 포기하지 않았어요.

유관순은 고향으로 내려가 만세 운동을 하기로 마음먹었어요. 그래서 이화 학당에 다니던 사촌 언니 유예도와 함께 독립 선언서를 몰래 숨긴 채 고향으로 내려갔어요.

그 무렵, 유관순의 고향 사람들은 서울에서 3·1 운동이 일어난 줄도 모르고 있었어요. 유관순은 마을 어른들을 찾아다니며 설득했어요.

"온 조선 땅이 독립 만세를 외치며 들끓고 있어요. 우리 마을만 가만히 있을 수는 없잖아요."

유관순의 끈질긴 설득 끝에 마을 사람들은 아우내 장터에서 만세 운동을 하기로 했어요. 특히 사람들이 많이 모이는 장날은 일본 경찰들의 눈을 돌리기 좋았어요. 마을 사람들은 만세 운동에 대한 구체적인 계획을 세워 나갔어요.

윗줄 오른쪽 끝이 유관순, 왼쪽 두 번째가 유예도

    4월 1일 정오, 충남 천안에 있는 아우내 장터에 사람들이 서서히 모여들었어요. 유관순은 장터에 모인 사람들에게 준비한 태극기를 하나씩 나누어 주고는 쌀가마니 위에 올라섰어요.

"왜놈들은 우리나라를 강제로 빼앗아 우리 민족에게 큰 고통을 주고 있습니다. 우리가 어찌하여 나라 없는 백성으로 살아야 합니까? 빼앗긴 나라를 되찾아야 합니다!"

그리고 만세 운동을 함께 준비한 조인원이 우렁차게 독립 선언서를 읽어 내려갔어요. 사람들은 저마다 고개를 끄덕였고, 선언서를 다 읽고 나자 다 같이 외쳤어요.

"대한 독립 만세!"

"대한 독립 만세!"

우렁찬 만세 소리가 아우내 장터를 뒤흔들었어요. 이어 3천여 명의 사람들이 태극기를 흔들며 행진을 시작했지요. 그때였어요.

"물러나라! 계속 만세를 부르면 총을 쏘겠다!"

총칼을 앞세운 일본 헌병들이 달려와 시위대를 막아섰어요. 그럼에도 시위대가 앞으로 나아가려 하자 헌병들은 총칼을 마구잡이로 휘둘렀어요.

"아아악!"

여기저기서 비명이 터져 나왔어요. 유관순의 아버지와 어머니도 일본 헌병의 총에 맞아 그 자리에서 목숨을 잃었어요. 하지만 유관순은 부모님의 죽음에도 만세 소리를 멈추지 않았어요.

"대한 독립 만세! 대한 독립 만세!"

일본 헌병들이 유관순을 가만둘 리 없었어요. 그들은 제일 앞에 선 유관순을 비롯해 닥치는 대로 사람들을 잡아갔어요.

"누가 시킨 짓인지 바른대로 말해라!"

일본 경찰이 무섭게 다그쳤지만 유관순은 조금도 굽히지 않았어요.

"이 만세 운동은 내가 계획했다. 다른 사람들은 다 풀어 주고 나만 잡아 가두어라! 너희들은 우리 민족의 원수요, 나의 원수다!"

"지독한 계집 같으니! 악질 중 악질이구나."

일본 헌병은 욕설을 퍼부으며 잔혹한 고문을 했어요. 유관순은 수십 번을 넘게 기절했고, 깨어나면 또다시 고문당했어요. 유관순의 몸은 만신창이가 되었어요.

얼마 후 유관순은 공주 재판소로 넘겨져 재판을 받았어요. 유관순은 법정에서도 당당하게 소리쳤어요.

"너희들은 우리 땅에 와서 죄 없는 우리 동포를 수없이 죽였다. 죄인은 내가 아니라 바로 너희들이다! 그런 너희가 어떻게 감히 나를 재판한단 말이냐?"

유관순은 끝내 서대문 감옥에 갇히고 말았어요. 그곳에서도 독립의 뜻은 굽히지 않았지요.

1920년 3월 1일, 유관순은 만세 운동 1주년을 기념하여 다른 여성 독립투사들과 옥중에서 만세 운동을 벌였어요. 그러자 일본 헌

병들은 다시 유관순을 고문하고 매질했어요.
　결국 유관순은 병을 얻고 영양실조까지 겹쳐서 열아홉 살의 나이로 감옥에서 세상을 떠나고 말았어요.

서대문 감옥 내부

유관순 수형 기록표

유관순은 천안의 일본 헌병대를 거쳐 공주 재판소로 넘겨졌어요.
공주 지방 법원은 어린 학생 유관순에게 징역 5년을 선고했어요.
이것으로도 유관순이 시위에서 큰 역할을 했음을 짐작할 수 있어요.

나라 밖에서는 만세 운동이 어떻게 일어났을까?

 만세 운동은 나라 밖에서도 일어났어요. 외국에 사는 우리 동포들이 만세 운동을 일으킨 거죠.

 그런데 간도가 어디예요?

 간도는 중국 지린성의 동남부 지역을 말해요. 지도에서 보듯이 압록강과 쑹화강 상류 쪽 백두산 근처를 서간도, 두만강 북쪽을 북간도라고 해요.

 거기서도 만세운동이 벌어진 거죠?

 북간도 룽징에서는 국내와 뜻을 함께하기 위해 조선 독립 축하회라는 독립 선언식을 했어요. 여기에 무려 3만 명이 모였다고 해요.

 우아, 멀리서도 독립에 대한 열기가 대단했네요.

 그날은 모래바람이 세차게 몰아쳤지만 사람들은 아랑곳하지 않았어요. 독립 선언서를 큰 소리로 낭독하고 태극기를 흔들며 조선 독립 만세를 외쳤지요.

 그다음에는 어떻게 됐어요?

 중국은 일제의 압박에 시위대를 막았어요. 이때 중국 군대가 총을 쏘아 대는 바람에 많은 사람이 죽거나 다쳤지요.

 그런데도 훈춘에서 또 만세 운동이 일어났대요.

 맞아요. 훈춘에 있는 독립운동가들은 일제에 맞서기 위해 수백 자루의 총도 준비했어요. 동포들은 집집마다 태극기를 달고 함께 만세를 불렀어요.

 쌴위안푸에 살던 동포들도 3·1 운동 소식을 듣고 교회에 모여 독립 선언을 축하했다고 해요.

 중국 군대가 여기서도 총을 쐈나요?

 그랬어요. 일제의 감시가 아주 심한 곳이었거든요. 그럼에도 사람들은 계속 모여서 독립 선언식을 했어요. 간도에서는 이런 독립운동이 거의 한 달 동안 이어졌지요.

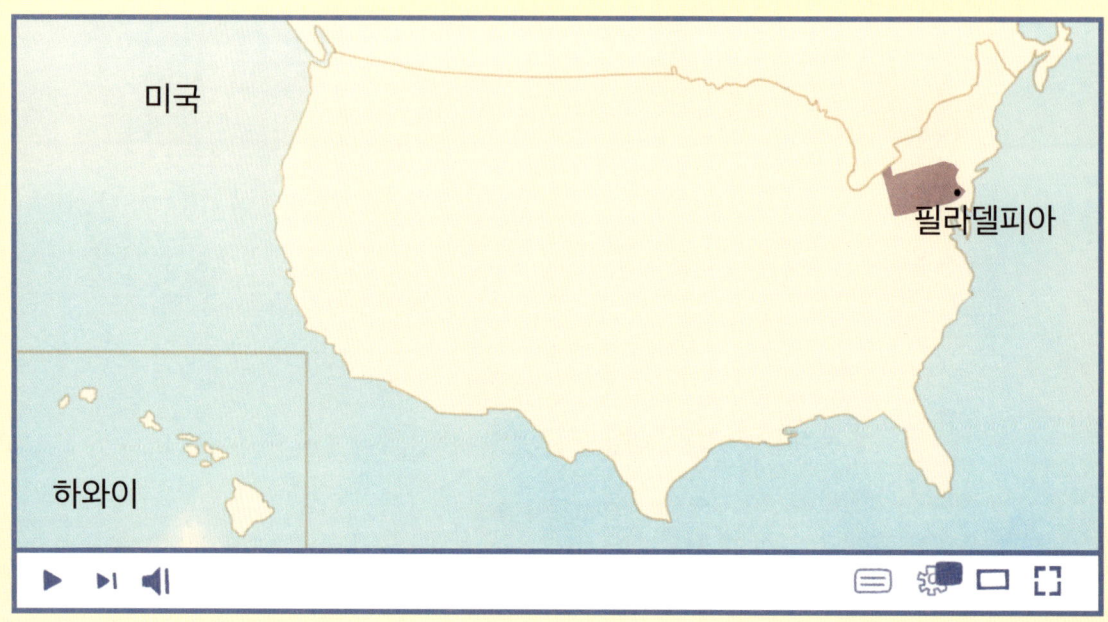

 미국은 우리나라에서 멀잖아요. 우리나라 사람이 미국에서 살기 시작한 건 언제부터예요?

 미국 이민은 1902년 하와이가 첫 시작이었어요. 만세 운동 소식은 상하이에서 미국으로 전보를 보내면서 알려졌지요.

 그럼 한인 자유 대회는 뭐예요?

 사흘 동안 필라델피아 독립 기념관에서 열렸다는데? 미국도 영국 식민지였다가 독립했다는 의미로 미국에 있는 독립 기념관에서 한 거예요?

 맞아요. 여기서 우리나라가 반드시 독립되어야 한다고 주장했지요. 또한 미국 정부와 국제 연맹에 대한민국 임시 정부의 승인도 받았어요.

 악대가 연주하면서 행진했대요. 하긴 여기는 캘리포니아니까 일본도 어쩔 수 없었겠죠?

 그렇죠. 하와이에서도 6백여 명이 모여서 만세를 외치며 행진했대요.

지도로 봐!

꼭 봐야 하냐옹.

러시아

몽골

연해주

중국

블라디보스토크

 연해주에 살던 동포들은 러시아 정부의 허가를 받고 만세 운동을 벌이려고 했어요.

 설마 허가해 주지 않았어요?

 반일 집회는 안 된다고 허가해 주지 않았어요. 그래도 동포들은 3월 17일에 집집마다 태극기를 걸고 모여 독립 선언식을 했어요.

 그런 상황에서도 2만여 명이 모였대요!

 러시아 정부 반응은 어땠나요?

 일제는 러시아 정부에게 독립 선언식에 참여한 사람들을 잡아들이라고 했어요.

러시아는 학생 두 명을 구속하고 집집마다 태극기를 내리라고 했지요. 하지만 중국 군대처럼 총을 쏘지는 않았어요.

 우리나라 사람들이 있는 곳이라면 어디나 만세 운동이 있었네요.

 독립을 위해 이렇게 많은 사람이 함께하다니. 그때는 스마트폰도 없었는데 어떻게 연락한 걸까? 신기하네요.

 3·1 운동 이후 온 겨레가 이토록 치열하게 싸운 끝에 대한민국 임시 정부가 세워진 거예요.

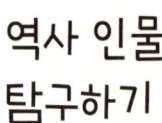

역사 인물 탐구하기

우리들은 '기생 독립단'

    1919년 3월, 만세 운동으로 온 나라가 들썩이고 있을 때였어요. 악대를 앞세운 한 무리의 기생들이 진주 남강 촉석루를 향해 행진을 시작했어요. 옛날에 기생은 왕실의 큰 행사에서 춤과 노래를 담당했어요. 지금의 연예인과 비슷했지요.

    기생들은 걸을 때마다 왜놈들은 물러가라고 외쳤어요. 일본 경찰은 무리에서 앞장섰던 여섯 명을 마구 끌고 갔지요.

    그들은 끌려가면서도 "우리는 논개의 후예들이다! 우리가 죽더라도 나라가 독립된다면 한이 없다."라고 외쳤어요.

3월 29일에는 수원 기생 30여 명이 김향화와 함께 만세 운동을 일으켰어요. 그 모습을 본 수원 시민들도 거리로 뛰쳐나왔어요. 시민들은 기생들을 둘러싸고 함께 만세를 불렀지요.

황해도 해주에서는 문월선을 비롯한 기생 다섯 명이 "남자의 힘을 빌지 말고 우리가 독립운동의 투사가 되자"라고 약속했어요. 그들은 독립 선언서를 직접 작성하여 인쇄하고, 손가락을 깨물어 흐르는 피로 태극기를 그렸어요.

4월 1일 오전 10시, 해주 기생들은 일제히 태극기를 들고 시위를 시작했어요. 이것이 불씨가 되어 일반 여성들도 함께 만세를 불렀지요. 이때 한 기생이 격려문을 큰 소리로 읽었어요.

"기생도 이 나라 백성이거늘 온 겨레가 독립을 외치는데 어찌 우리라고 수수방관할 수 있으랴."

이날 시위에는 3천여 명의 해주 시민이 참여했어요.

다음 날 통영에서도 수많은 기생이 태극기를 들고 만세 운동을 벌였어요. 그들은 하얀 한복을 입고 수건으로 허리를 둘러맸어요.

기생들이 시위를 시작하자 통영 시민들이 따라나서 다함께 만세 운동을 벌였어요. 기생들은 법정에서 재판받을 때도 결코 당당함을 잃지 않았어요.

3·1 운동에 쓰인 태극기

남달리의 역사 수첩

태극기는 어떻게 만들어졌을까?

우리나라는 1883년에 고종이 '태극'과 '4괘 도안'이 그려진 태극기를 우리나라 국기로 채택했어. 태극기를 처음 사용한 것은 그 전해인 1882년 박영효가 미국과 조약을 체결할 때였어.

태극기의 흰색 바탕은 밝음과 순수, 평화를 사랑하는 우리의 민족성을 상징해. 가운데 태극 무늬는 음과 양의 조화를 상징하는데, 대자연의 진리를 표현한 거야. 검은색 4괘 중 건(왼편 위)은 하늘, 곤(오른편 아래)은 땅, 감(오른편 위)은 물, 이(왼편 아래)는 불을 상징해.

하지만 우리나라는 태극기 모양을 하나로 정하기도 전인 1910년, 일본에 나라를 빼앗겼어.

그래서 태극기는 일제 강점기 동안 조금씩 다른 모습으로 독립 운동에 쓰였어. 태극기의 제작법이 정해져 지금의 통일된 모양을 갖추게 된 것은 1949년이야.

이것은 숭실학교 학생 김건, 노원찬, 길진영 등이 평양 3·1 운동을 준비하며 만든 태극기야.

이것은 1919년 충남 당진의 장터에서 일어난 만세 운동에 쓰인 태극기야. 독립운동가 남상락의 부인이 손바느질로 만들었어.

이것은 서울 진관사에서 불상을 해체하다 발견한 태극기야. 불교계에서 독립 운동에 참여했다는 걸 보여 주지.

이것은 상하이 대한민국 임시 의정원에 걸렸던 태극기야. 국무 위원 김봉준과 아내 노영재가 만들었다고 전해져.

1919년 4월 15일

일본은 만세 운동을 어떻게 탄압했을까?

만세 운동의 열기가 뜨겁게 달아오르자 일제는 총칼을 앞세워 탄압했어요. 그리고 이 사실이 다른 나라에 알려지지 않도록 막았답니다.

일본은 왜 만세 운동을 탄압했을까?

다 잡아라!

잔인해! 잔인해!

탑골 공원에서 처음 만세 운동이 일어났을 때 우왕좌왕했던 일본 경찰은 이내 총칼을 휘두르기 시작했어요. 그러면 사람들이 겁을 먹고 만세를 부르지 않을 거라고 생각했기 때문이에요.

흥! 우리가 독립운동을 포기할 것 같으냐!

너무 무섭다옹….

만세 운동 하는 사람을 몽둥이로 때리고 발로 짓밟는 것도 모자라

만세!

탕타타탕!
탕!

사람들을 향해 총을 쏘아 댔어요.

하지만 만세 운동은 더욱더 격렬해졌어요. 농민들은 횃불을 들고 만세 시위를 이어 갔어요. 심지어 태극기를 든 팔이 잘려도 만세 운동을 멈추지 않았지요.

만세 운동에 앞장선 사람들은 잡혀가서 잔인한 고문을 당했어요. 만세 운동으로 사망한 사람이 7천 명이 넘었지요.

그래도 독립을 향한 열기는 좀처럼 식지 않았어요. 3월 1일부터 이어진 만세 운동에 참여한 사람은 2백만 명에 달했어요.

전체 인구의 10%

일제는 더 잔인한 방법으로 사람들을 탄압했어요. 그리고 3·1 운동 소식이 다른 나라에 알려지지 않도록 수단과 방법을 가리지 않고 막았답니다.

일본의 잔인한 행동이 어떻게 세상에 알려졌을까?

그거 세로로 읽는 신문이다용!

대체 뭐라고 써 있는 거야?

일제는 우리 민족에게 저지른 잔인한 행동들을 감추려고 했어요. 만세 운동이 집단적인 폭력 사태로 잘못 알려지기도 했지요. 하지만 외국인 선교사들과 언론인들의 기록과 보도 덕분에 진실이 드러났답니다.

교회를 불태우고 어린 학생들에게 총을 쐈으며···.

외국인 선교사들도 마음대로 독립운동가들을 도울 수는 없었어요. 하지만 일제가 3·1 운동을 하는 기독교인들을 죽이고 교회를 불태우자 더는 가만히 있을 수 없었어요.

미국인 화이팅 선교사는 3·1 운동이 일어난 뒤 미국에서 무려 266회에 걸쳐 진실을 알렸어요.

영국 언론인 매켄지는 『자유를 위한 한국인의 투쟁』을 써서 한국인의 독립 의지를 세계에 알렸어요. 또한 한국의 독립은 정의를 바로 세우고 인류애를 실현하는 것이라고 말했지요.

마침내 AP 통신 임시 특파원이던 앨버트 테일러에 의해 3·1 운동이 처음으로 세계에 보도됐어요.

그날의 기록은 온 겨레가 참여한 만세 운동을 생생하게 알려 주었어요. 동시에 일제의 잔인함도 증언해 주었지요.

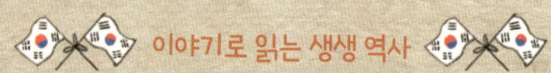

제암리의 눈물

일본 경찰들은 만세 운동에 참여한 사람들을 향해 총칼을 휘두르며 닥치는 대로 잡아갔어요. 심지어 군인들까지 나서서 시위대를 공격했지요. 그러던 4월 15일, 제암리에서 마을 주민 대부분이 죽는 끔찍한 사건이 일어났어요.

경기도 화성

경기도 화성에는 제암리라는 작은 농촌 마을이 있어요. 둑과 논두렁이 바위로 이루어져 있다고 해서 지어진 이름이지요. 3·1 만세 운동의 물결은 제암리에도 퍼졌어요.

제암리는 이웃 마을과 힘을 합치기로 했어요. 가재리, 수촌리, 제암리의 종교 지도자들은 한마음이 되어 만세 운동을 준비했지요.

3월 31일, 천도교 지도자 이정근의 우렁찬 외침을 시작으로 장터에 모인 천여 명이 만세를 불렀어요. 얼마 지나지 않아 일본 경찰들이 도착했어요. 그리고 만세 운동 참여자를 위협하며 총을 쏘기 시작했어요. 하지만 주민들은 물러나지 않았어요. 오히려 돌을 던지며 맞섰지요.

사건은 시위대가 파출소로 접근했을 때 시작되었어요. 일본 경찰들이 칼을 휘둘러 그 자리에 있던 주민 세 명이 목숨을 잃었어요. 또 여러 명의 지도자가 붙잡혀 심한 고문을 당했지요.

하지만 만세 운동은 점점 더 격렬해졌어요. 4월 3일에는 우정읍과 장안면 사람들이 힘을 합해 만세 운동을 일으켰어요. 주민들은 도망치려는 장안면장 김현묵을 시위대 제일 앞에 세우고, 태극기를 들게 했어요. 그리고 쌍봉산에 올라 독립 선언서를 낭독하고 큰 소리로 만세를 세 번 불렀어요.

"대한 독립 만세! 대한 독립 만세! 대한 독립 만세!"

산에서 내려온 뒤에는 곧장 화수리 파출소로 몰려갔어요. 이때 순경 가와바다가 놀라서 도망치며 권총을 쏘아 댔어요. 여러 명이 총에 맞아 쓰러졌어요. 그러자 흥분한 주민들이 가와바다에게 달려들어 뭇매를 때렸어요.

"일제의 앞잡이 놈을 죽여라!"

결국 가와바다도 그 자리에서 목숨을 잃고 말았지요. 게다가 누군가 불을 놓아 면사무소와 파출소가 불타기 시작했어요.

이 사건은 일본 경찰에 큰 충격을 주었어요. 일본 경찰은 수원과 화성 지역 주민들의 기세를 꺾어 놓지 않으면 안 되겠다고 생각했지요.

바로 이틀 뒤 새벽, 일본 헌병들이 수촌리로 쳐들어왔어요. 그리고 마을 곳곳에 닥치는 대로 불을 질렀어요. 전체 42가구 중 38

가구가 불타 없어졌어요.

 일제의 보복은 여기서 그치지 않았어요. 일주일 뒤, 일본 육군 중위 아리타 도시오가 만세 운동을 완전히 뿌리 뽑기 위해 화성에 도착했어요.

 "감히 대일본 제국에 맞서려고 하다니!"

4월 15일 오후 2시, 아리타 중위가 이끄는 부대가 제암리에 나타났어요.
 "만세 운동을 막는 과정에서 너무 심하게 매질한 것을 사과하러 왔소. 성인 남자들은 모두 교회로 모이시오."
 주민들은 그 말을 믿지 않았어요. 하지만 총을 든 일본 군인들

때문에 어쩔 수 없이 교회로 향했지요.

잠시 후, 교회 안이 사람들로 가득 찼어요. 일본 군인들은 만세 운동에 참여한 사람 명단을 일일이 확인했어요. 오지 않은 사람은 집까지 찾아가서 끌고 왔지요. 그러더니 사람들을 교회 안에 가둔 채 밖에서 문을 걸어 잠갔어요.

곧이어 아리타 중위의 명령이 떨어졌어요.

"사격하라!"

명령을 기다렸다는 듯이 군인들은 교회 창문을 향해 총을 쏘기 시작했어요. 교회 안은 금세 아수라장이 되었지요.

"아악!"

교회 안은 사람들의 비명으로 가득찼고, 여기저기 총에 맞은 사람들이 나뒹굴었어요. 몇몇 사람들은 밖으로 나가려고 애를 썼지만 결국 총에 맞아 목숨을 잃었어요.

그리고 더 끔찍한 일이 연달아 벌어졌어요. 일본군은 사격이 끝나자 교회 주변에 짚더미를 쌓아서 불을 질렀어요. 교회는 순식간에 불길에 휩싸였지요.

"나는 죽어도 좋으니 어린아이만은 제발 살려 주세요."

누군가 어린아이를 창밖으로 내보내며 애원했지만 아리타 중위는 눈도 꿈쩍하지 않았어요.

가까스로 살아남은 몇몇 사람들은 불길을 피해 필사적으로 달아났어요. 일본 군인들은 달아나는 사람들의 등 뒤에 대고 총을

폐허가 된 제암리 교회

쏘아 댔지요. 치솟는 불길에 놀라서 달려왔던 마을 사람들도 총을 맞고 죽었어요. 그날 제암교회에서는 아무 죄 없는 20여 명이 목숨을 잃었어요.

그뿐만 아니라 일본 군인들은 교회 주변 집들까지 불태웠어요. 결국 외딴 집 두 채만 남고 마을 전체가 불타 버렸지요.

그다음에 일본 군인들은 만세 운동을 이끌었던 천도교 지도자 김홍렬의 집을 찾아갔어요. 그리고 일가족 여섯 명을 모두 죽였지요.

사람들의 애통한 죽음에 온 마을이 깊은 슬픔에 잠겼어요. 하지만 일본 헌병들이 무서워서 시신을 땅에 묻어 줄 엄두조차 내지 못했지요. 시신들은 점점 형체를 알아볼 수 없을 정도로 망가져 갔어요.

그때 캐나다에서 온 선교사 스코필드가 마을을 찾아왔어요. 그는 일본 헌병의 눈을 피해 제암리 학살 현장을 사진에 담았어요. 그리고 보고서와 함께 미국으로 보냈어요. 일본이 감추고 싶어 했던 야만적이고 잔인한 모습이 전 세계에 고스란히 드러나게 된 것이지요.

일본은 만세 운동을 어떻게 탄압했을까?

평안도의 만세 운동과 일본의 탄압

 평화롭게 만세 운동을 하던 사람들한테 총칼을 휘두르다니!

 처음 3·1 운동이 일어났을 때 일본 경찰들은 우왕좌왕했어. 너무 당황해서 뭘 어떻게 해야 할지 몰랐거든. 하지만 곧 무력을 사용하기 시작했어.

 그냥 다 힘으로 찍어 누르면 된다고 생각한 건가?

 그러면 만세 운동을 하지 못할 거라고 생각했겠지. 일본이 조선인들을 함부로 죽인 건 제암리에서만이 아니야. 3월 1일 평안북도 선천에서는 사람들이 '조선 독립단'이라고 쓴 큰 깃발을 앞세우고 만세 운동을 시작했는데……

 설마 거기서도?

 응. 일본 헌병은 평화적으로 시위하던 사람들에게 갑자기 총을 쐈어. 여기서 처음으로 만세 운동 사망자가 나왔지.

 이런 일이 곳곳에서 벌어졌다니 믿을 수가 없어.

내 말이. 평안남도 맹산에서는 천도교인과 기독교인이 함께 만세 운동을 했어. 며칠 후 일본군이 지도자 중 한 사람을 잡아 가두고 고문을 했지. 사람들이 몰려가 항의하자 일본 헌병은 이 사람들을 마당 안으로 끌어들인 뒤 총으로 쏴 죽였어. 모두 60여 명이나 말이야.

진짜 잔인하다. 이 일은 어떻게 알려지게 된 거야?

가까스로 살아남은 두 사람이 선교사에게 전해 알려졌어.

일본의 무자비한 탄압을 기록하고 알리는 데는 기독교 선교사들의 공이 컸구나.

일본도 서양인 선교사들은 함부로 대할 수 없었으니까.

📶 경기도의 만세 운동과 일본의 탄압

경기도는 곳곳마다 만세 운동 열기가 아주 뜨거웠어. 수원과 화성 지역이 특히 그랬지. 4월 1일 밤, 안성 양성면 주민들은 파출소와 면사무소, 학교 앞에서 만세를 부르고 집으로 돌아가고 있었어. 그때 마침 원곡면 주민들도 횃불을 들고 만세를 부르며 오고 있었지.

우아. 꼭 영화 같아!

 그래서 어떻게 됐어?

 당연히 다 함께 만세 운동을 했지. 사람들은 2천여 명으로 늘어났어. 이들은 다시 파출소로 몰려가서 돌을 던지고 불을 질렀어. 일본군이 마을에 들어오지 못하도록 다리를 끊기도 했어.

 시위대도 무력을 쓰기 시작했구나.

 맞아. 만세 운동은 일본의 탄압으로 더 격렬해졌어.

 근데 일본이 심하게 보복했을 것 같아. 제암리처럼 말이야.

 물론 그랬지. 일본 경찰은 시위를 이끈 사람들의 집을 찾아다니며 모두 불태워 없앴어. 또 주민들을 몽둥이로 때리고, 저항하거나 도망치는 사람에게는 총을 쐈어.

 아, 역시 슬픈 예감은 틀린 적이 없어.

 이 만세 운동으로 24명이 죽고 백여 명이 감옥에 갇혔어.

📶 전라도의 만세 운동과 일본의 탄압

 전라북도 군산은 남쪽 지방에서 가장 먼저 만세 운동이 일어난 곳이야. 그런데 만세 운동이 일어나기도 전에 누군가 이 계획을 일본 경찰에 일러바쳤어.

아휴, 도와주지는 못할망정 방해를 하냐!

 하지만 군산의 학생들과 시민들은 주저하지 않았어. 용감하게 태극기를 들고 나가 만세를 불렀지. 이때 53명이 죽고, 정말 많은 사람들이 다쳤대.

4월 4일 전라북도 익산에서도 만세 운동이 일어났어. 독립운동가 문용기가 앞장서서 천여 명의 사람들을 이끌었어.

 그런데 만세 운동 중에 일본 경찰이 칼을 휘둘러 문용기의 오른팔을 잘라 버렸어. 오른손에 들고 있던 태극기와 함께 땅으로 떨어졌지.

말도 안 돼!

 그런데 오른팔을 잃은 문용기가 왼손으로 태극기를 들고 다시 만세를 외치기 시작했어. 이 사진은 문용기의 피가 묻은 옷이야.

정말 대단하다. 3·1 운동 공부하기 전에는
유관순 누나밖에 몰랐는데…….

그러게. 정말 수많은 사람들의
노력과 희생으로 우리나라가 독립한 거였어.

📶 만세 운동은 왜 지방에서 더 했을까?

그런데 이렇게 보니까 아우내 장터도 그렇고
지방에서 일제의 탄압이 훨씬 더 심했던 것 같아.

맞아. 만세 운동 초기에는 종교 지도자들이 정한
비폭력 원칙이 비교적 잘 지켜졌지만, 만세 운동이
지방으로 퍼지면서 그 성격이 조금씩 달라졌어.

왜 그랬을까?

지역마다 사정이 다르니까 그렇지 않았을까?
더 힘든 사람들이 더 열심히 싸웠을 거야.

나도 그렇다고 생각해. 토지 조사 사업, 삼림령 같은 정책 때문에 일제 강점기에 농민들의 삶이 많이 어려워졌잖아.

 응. 그뿐만 아니라 농민들은 송충이를 잡는 일이나 바다를 둑으로 막아 육지로 만드는 공사에도 강제로 끌려가서 일해야 했대.

그런 일도 있었구나!

 농민들이 주로 면사무소와 파출소를 공격한 것도 이유가 있어. 면사무소는 일본이 농민들을 괴롭히고 가진 것을 빼앗아 가는 기관이었거든. 파출소는 조선인들을 마음대로 처벌하는 헌병 경찰들이 있던 곳이고.

또 면장들은 대부분 친일파였어. 일본의 손발이 되어 농민들을 괴롭혔지.

 농촌에서 만세 운동이 더 격렬해질 수밖에 없었겠네.

107

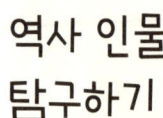

역사 인물 탐구하기

34번째 민족 대표

프랭크 스코필드

수의학자이자 기독교 선교사였던 스코필드는 3·1 운동의 34번째 민족 대표라고 불려요.

3·1 운동이 일어나기 얼마 전이었어요. 세브란스 의학 전문학교(지금의 연세대학교)의 학생 한 명이 스코필드를 찾아와서 독립 선언서를 보여 주었어요. 그리고 영어로 번역한 독립 선언서를 미국 백악관에 보내 달라고 부탁했어요. 만세 운동 모습을 사진으로 찍어 달라고도 했지요.

스코필드는 약속대로 3월 1일 탑골 공원으로 나갔어요. 그는 탑골 공원뿐만 아니라 종로 거리를 가득 메우고 대한 독립 만세를 외치는 조선인들의 사진을 찍었어요. 그 후 한 독립운동가가 이 필름을 구두 밑창에 숨겨 대한민국 임시 정부에 전달했어요. 3·1 운동은 이렇게 전 세계에 알려졌지요.

이렇게 많은 사람들이 나라의 독립을 외치고 있다니!

스코필드는 3·1 운동이 일어난 뒤 서대문 감옥을 여러 번 방문했어요. 그는 만세 운동을 이끌다 감옥에 갇힌 사람들을 보살폈지요.

서대문 감옥 8호실 감방에 갇혀 있던 유관순과 여성 독립 투사들도 만나 위로했어요. 감옥까지 찾아간 외국인은 그가 유일했어요.

이럴 수가! 제암리 사건은 전 세계에 알려야 해.

어느 날 선교사들 사이에 만세 운동에 참여했던 한 마을이 일본군에게 잔인하게 보복당했다는 소문이 돌았어요. 스코필드는 소아마비로 한쪽 발이 불편했지만, 수원역에서 제암리까지 자전거로 40km를 달려갔어요. 그리고 수많은 주민이 교회에 갇힌 채 총에 맞거나 불타 죽은 현장을 보게 되었지요.

그날 스코필드가 찍은 제암리 사진은 일제의 잔인함을 전 세계에 알리는 역할을 하게 되었어요.

일본의 눈 밖에 난 스코필드는 1920년 한국에서 추방될 뻔하기도 했어요. 하지만 해방 후 스코필드는 다시 한국을 찾았지요. 그리고 서울대학교 수의과대학 교수로 일하며 전쟁고아들과 어려운 학생들을 지원했어요. 한국인을 자기 민족처럼 사랑한 스코필드는 국립 서울 현충원 애국지사 묘역에 묻혔답니다.

이완용과 자제단

남달리의 역사 수첩

3·1 운동이 일어나자 대표적인 친일파였던 이완용은 『매일신보』에 세 차례나 경고문을 실었어.

WELCOME
친일파는 여러분을 언제나 환영합니다!

여러분, 왜 스스로 죽을 길을 찾아갑니까? 제 말을 들으세요.

조선은 어차피 독립할 수 없어요. 그러니 먼저 실력을 길러야 합니다.

이완용

일본이 정한 법과 제도 안에서 실력을 기르자는 말은 일본에 저항하지 말고 가만히 있으라는 말과 똑같았어.

이완용은 일본에 우리나라를 팔아넘긴 인물이야. 그런데 3·1 운동이 일어나자 또다시 우리 민족을 배신한 거지.

이런 매국노는 다시 없을 거야!

자제단은 1919년 4월부터 12월까지 활동한 조선인 단체야. 일본 제국주의가 최고라고 생각한 박중양이 대구에서 처음 만들었지.

박중양은 자제단 단장이 되었어. 자제단원들은 3·1 운동에 참여하는 사람들을 집으로 돌아가라고 설득하는 일을 했어.

만세 운동은 희망이 없다니까.

당신 조선인 맞아?

자신들의 말을 듣지 않는 사람들은 경찰서나 군청에 신고했지.

오늘도 자제단 제보가 들어왔군!

대체 언제까지 만세 운동을…. 더 열심히 막아야지.

친일파들은 3·1 운동을 지켜보면서도 반성하지 않았어. 오히려 만세 운동을 방해하느라 바빴지.

사람들은 서대문 감옥을 이렇게 불렀다.
한 번 들어가면 살아 돌아오기 힘든 곳.

3·1 운동 1주년, 그들은 감옥에서도 만세를 불렀다.

서대문 감옥 여옥사 8호 감방

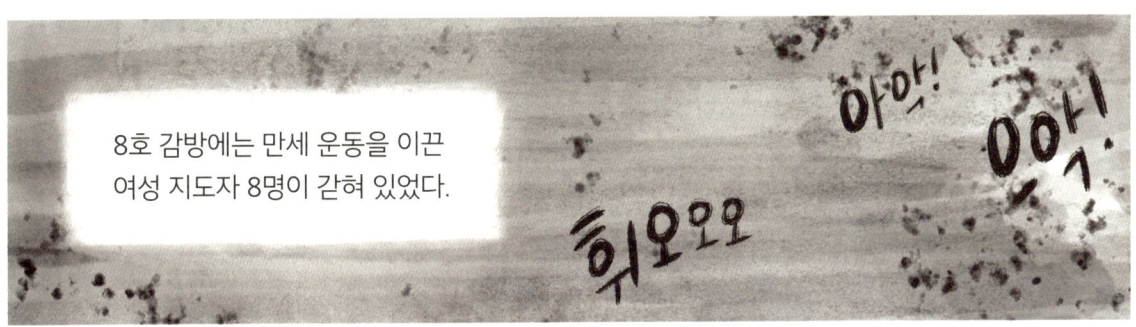

8호 감방에는 만세 운동을 이끈 여성 지도자 8명이 갇혀 있었다.

휘오오오 아악! 으악!

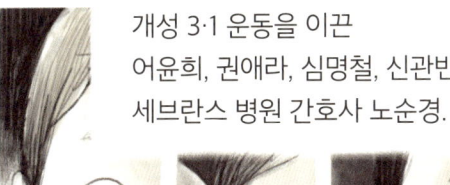

개성 3·1 운동을 이끈 어윤희, 권애라, 심명철, 신관빈. 세브란스 병원 간호사 노순경.

수원 기생 김향화

파주 구세군의 임명애

공주 감옥에서 온 유관순

그중 임명애는 출산 한 달 만에 신생아와 함께 감방으로 돌아왔다.

음식은 더 형편없었다. 밥은 꿈도 못 꿨고, 양도 매우 적었다.

겨울의 감옥은 매섭게 추웠다. 이들은 얇은 옷 한 장, 이불 한 조각에 의지한 채 혹독한 추위와 싸워야 했다.

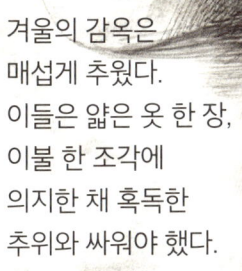

콩밥 한 덩이 ↑   무 장아찌 ↑   소금국 ↑

하지만 모두 영양실조에 시달리면서도 임명애와 갓난아이를 돌봐 주었다.

고문보다 혹독했던 감옥에서의 삶. 하지만 그 어떤 것도 이들의 독립을 향한 열망을 꺾지 못했다.

똑닥 똑닥

벽을 두드리자.

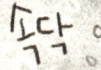

수군 수군

세 번 두드릴까?

어느덧 해가 바뀌고, 3월 1일이 다가오자 8호 감방은 점점 분주해졌다.

조심해, 다들!

망 좀 봐 줘요. 시작할게요!

1920년 3월 1일 오후, 8호 감방을 시작으로 여옥사를 가득 채운 만세 소리는

곧 서대문 감옥을 뒤덮었다.

1919년 4월 11일

국민이 주인인 임시 정부의 탄생

만세 운동은 사그라들었지만 우리 민족이 결코 독립을 포기한 것은 아니었어요. 더 체계적으로 독립운동을 하기 위해 대한민국 임시 정부가 탄생했어요.

대한민국 임시 정부는 어떻게 만들어졌을까?

3·1 운동이 일어나고 얼마 지나지 않아 서울, 러시아의 블라디보스토크, 중국의 상하이 등에 여러 개의 임시 정부가 세워졌어요. 모두 독립이라는 한 가지 목적을 가지고 있었지요.

임시 정부! 임시 정부!

대한 국민 의회
블라디보스토크

한성 정부
서울

상하이 임시 정부

하지만 정부가 여러 개 있으니 국민들이 혼란스러워 했어요. 독립운동의 힘을 하나로 모으기도 어려웠지요.

저기에는 뭐가 있냐옹?

독립운동가들은 임시 정부를 하나로 통합하기로 했어요.
지금의 국회라 할 수 있는 임시 의정원은 대한민국의 주권이 국민에게 있다는 것과 모든 국민은 평등하다는 것을 임시 헌법에서 분명하게 밝혔어요.

1919년 9월
제6회
임시 의정원

대한민국 임시 정부는 우리나라가 해방을 맞이할 때까지 외교 활동과 독립운동에 힘을 쏟았어요.

한편 연해주와 만주에서는…

의열 투쟁을 이끈 독립운동가

그게 뭔지는 아니?

나도 고양이계의 의열단이 될테다옹!

김원봉은 동지들을 모아 의열단을 만들었어요. 의열은 '천하의 정의로운 일을 맹렬히 실행한다.'는 뜻이에요.

우리는 내일이 없는 것처럼 비장한 마음으로 독립운동을 했어.

— 김원봉, 곽재기, 박재혁, 김지섭, 김익상

의열단원 김상옥은 종로 경찰서에, 나석주는 동양 척식 주식회사에 폭탄을 던졌어요.

나는 적의 포로가 되느니 죽음을 택하겠다! — 김상옥

나는 조국의 자유를 위해 싸웠다! — 나석주

쾅

의열단의 활약은 일제를 두려움에 떨게 했어요.

일본을 거꾸러뜨리자. — 신채호

신채호는 '조선 혁명 선언'이라는 의열단 선언서를 발표했어요. 외교에 의지하거나 일제와 타협하려는 시도를 강하게 비판하고 오직 국민의 힘으로만 이상적인 독립 국가를 세울 수 있다는 내용이었지요.

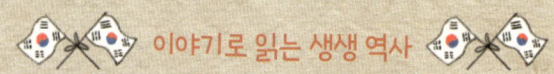

대한민국 임시 정부가 수립되다

> 3·1 운동은 일제의 탄압으로 조금씩 잦아들었어요.
> 하지만 빼앗긴 나라를 되찾아야겠다는 열망은 점점 커졌어요.
> 그 결과 마침내 나라 안팎에 임시 정부가 생겨났어요.

서울에는 한성 정부가 생겼고, 상하이와 블라디보스토크에도 임시 정부가 세워졌어요. 하지만 정부가 여러 개 있다 보니 독립운동의 힘을 하나로 모으기 어려웠지요.

이 문제를 논의하기 위해 수많은 독립운동가가 상하이에 모였어요.

"정부를 하나로 통일해야 국민들이 혼란스럽지 않을 겁니다."

"동의합니다. 국내에 있는 한성 정부로 통일하는 게 어떻겠습니까?"

"하지만 국내에서는 일제의 감시 때문에 독립운동을 하기 어려울 것입니다."

많은 논의 끝에 독립운동가들은 상하이에 임시 정부를 세우기로 했어요. 상하이는 국내와 거리가 멀지 않으면서도 일제의 감시를 피하기 좋았어요. 국제적인 도시라 외교 활동을 하기에도 편리했지요.

새로운 나라의 이름은 대한 제국을 잇고 국민이 주인이라는 뜻으로 대한민국이라고 정했어요. 임시 정부의 첫 헌법인 대한민국 임시 헌장에서는 대한민국은 국민이 주인이며 3·1 운동에 참여한 국민들의 힘으로 만들어졌다고 분명하게 밝혔지요.

이렇게 일제에 나라를 빼앗긴 지 약 10년 만에 우리 민족은 독립운동의 구심이 될 정부

상하이 대한민국 임시 정부

를 만들게 되었어요.

임시 정부는 먼저 외교 활동에 집중했어요. 이 무렵 일제는 전 세계에 우리나라는 독립할 힘이 없고 일본의 지배를 행복하게 여긴다고 알리고 있었어요. 임시 정부는 다른 나라들에 일본의 거짓말을 알리고, 우리나라의 독립을 지지하도록 호소하는 활동을 했어요.

또 비밀 연락망을 만들어 국내와 잘 소통할 수 있도록 했어요. 이를 연통제라 불렀는데 교사, 학생, 전도사, 승려 등 다양한 사람들로 구성되었지요. 이들은 전국 곳곳에서 비밀리에 활동하며 임시 정부에서 만든 법령과 공문을 국내에 알렸어요. 그리고 독립 전쟁에 대비하여 병사를 모집했어요.

통신 기관으로는 교통국을 두었어요. 교통국은 나라 안팎으로

대한민국임시정부
공보 42호

단둥에 있던 이륭양행
조지 루이스 쇼가 운영한 이륭양행은 보이지 않는 곳에서 우리나라의 독립운동을 도와주었어요.

부산에 있던 백산상회
백산상회는 독립운동을 지원할 자금을 마련하고자 안희제가 이유석, 추한식과 함께 부산에 세운 회사예요.

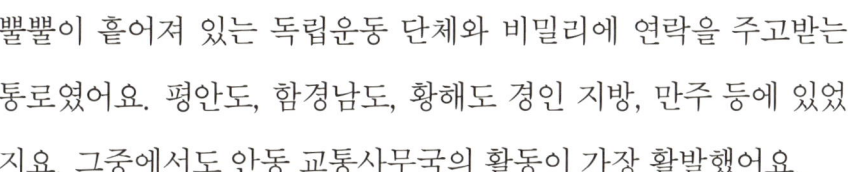

뿔뿔이 흩어져 있는 독립운동 단체와 비밀리에 연락을 주고받는 통로였어요. 평안도, 함경남도, 황해도 경인 지방, 만주 등에 있었지요. 그중에서도 안동 교통사무국의 활동이 가장 활발했어요.

중국 단둥에 있는 교통국 연락 사무소에서는 국내를 오가는 독립운동가들을 도왔어요. 영국인 조지 루이스 쇼가 운영하는 무역 회사 이륭양행 2층에 자리 잡고 있었지요.

독립운동가들은 국내를 오갈 때 이륭양행에 몸을 숨기기도 했어요. 독립운동에 사용할 무기를 상하이에서 국내로 들여올 때도 이륭양행 화물선을 이용했지요.

　국내에서는 부산의 백산상회가 그 역할을 담당했어요. 독립운동 자금을 임시 정부로 전달해 주고 대한민국 임시 정부 기관지인 『독립신문』을 국내로 들여왔지요. 『독립신문』에는 독립운동 상황이 자세히 소개되었어요. 국내의 사람들은 이 신문을 몰래 읽으며 독립에 대한 희망을 키웠어요.

　한편 3·1 운동 이후에 수많은 청년이 만주와 연해주로 떠났어요. 청년들은 일제로부터 독립하려면 무기를 들고 직접 싸워야 한

독립군 나팔

다고 생각했어요. 그래서 만주와 연해주에는 수십 개의 독립군 부대가 만들어졌어요.

특히 독립군 부대 가운데 만주의 서로 군정서와 북로 군정서의 활약이 컸어요. 이들 독립군은 국경 지역의 파출소를 파괴하거나 친일파를 암살했어요. 또한 일본군을 상대로 봉오동 전투와 청산리 전투에서 큰 승리를 거두었어요.

여기서 자신감을 얻은 임시 정부는 독립 전쟁을 위한 군대를 만들기로 했어요. 국방부 장관 노백린은 공군을 만들 목적으로 미국에 비행 학교도 만들었어요.

이처럼 임시 정부는 처음엔 왕성한 활동과 성과를 보였지만 1920년 말을 고비로 점차 어려움에 빠졌어요. 무엇보다 임시 정부의 외교 활동은 강대국들의 무관심에 번번이 좌절되었어요. 또 연통제와 교통국이 일제의 집요한 탄압으로 인해 무너져 갔지요. 그러자 국내외에서 들어오던 지원이 크게 줄어들었고, 임시 정부는 활동에 필요한 자금이 부족해 어려움을 겪었어요.

만주의 독립군 부대들도 청산리 전투와 봉오동 전투 이후 일본의 대대적인 탄압에 활동이 어려워졌어요. 하지만 많은 시련에도 임시 정부는 끝까지 우리 민족을 대표하며 독립운동을 이어 갔어요. 물론 이런 노력은 훗날 우리 민족이 해방을 맞이하는 데 아주 큰 역할을 했답니다.

한국 광복군 총사령부 성립 기념 사진(1940년)

광복군 태극기

비폭력 만세 운동은 왜 무장 투쟁으로 바뀌었을까?

북로 군정서

3·1 운동이 일어나면서 우리 민족의 독립에 대한 염원은 더욱 간절해졌어요. 하지만 비폭력 만세 운동은 일제의 잔인한 탄압에 막혀 힘을 잃었어요.

 그럼 우리도 힘으로 맞서 싸워야죠.

 임시 정부는 만주와 연해주에서 활동하던 독립군 부대와 힘을 합치길 원했어요.

 그렇게 만들어진 게 군정서죠?

 맞아요. 그리고 독립군 말고도 비밀 조직을 만들어 무장 투쟁을 한 독립운동 단체가 있어요.

 어떤 단체예요?

 자기 목숨을 버리면서까지 일제의 식민 통치 기관을 폭파하고 친일파들을 암살했던 의열단이에요.

 임시 정부는 계속해서 독립운동을 이어간 거죠?

 그럼요. 임시 정부는 한인 애국단과 한국광복군을 만들어 독립운동을 이어갔어요.

 한인 애국단은 윤봉길 의사가 있던 조직이죠?

 맞아요. 한인 애국단은 일본의 주요 인물을 암살하기 위해 조직되었어요. 한국광복군은 1940년에 만들어진 군대예요.

역사 어렵지 않아!

봉오동 전투와 청산리 전투

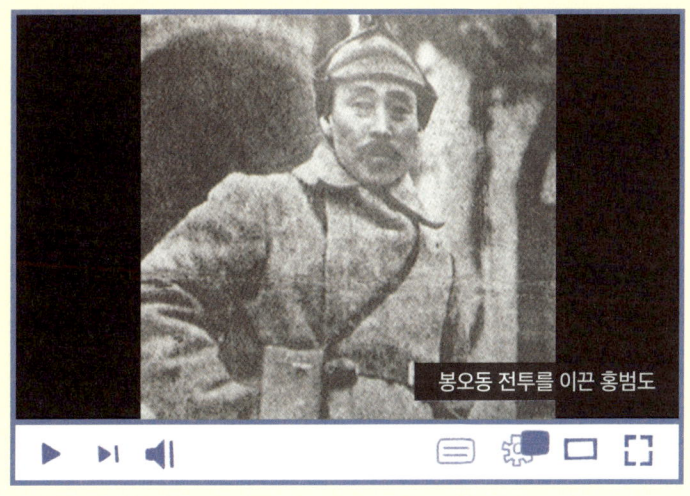

봉오동 전투를 이끈 홍범도

독립군 부대는 일본군보다 무기도 부족하고 군인 수도 적었어요. 하지만 용맹함만은 당할 자가 없었어요.

 어려운 상황에서도 용감하게 싸웠네요. 정말 존경스러워요.

 1920년 일본군은 봉오동에 있는 독립군 본부를 통째로 공격할 계획을 세웠어요.

 그래서 어떻게 되었어요?

 대한 독립군이 계획을 미리 알고 다른 부대와 연합 작전을 펼쳤어요. 일단 봉오동 골짜기로 일본군을 끌어들였지요. 그러고는 사방에서 공격을 시작했어요. 일본군은 도망가기 바빴지요.

 진짜 통쾌하다! 독립군이 또 이긴 적이 있나요?

 같은 해 10월에 청산리에서 전투가 있었어요. 일본군 5천여 명이 기관포와 대포를 끌고 나타났지요. 북로 군정서와 대한 독립군은 6일 동안 10여 차례나 전투를 치렀어요.

 밥도 못 먹고 싸운 건 아니죠?

 청산리 전투 때는 마을 여자들이 밥을 싸서 올라와 병사들 입에 넣어 주었어요. 백두산 지리를 이용해서 싸운 독립군은 큰 승리를 거두었지요.

의열단

서대문 감옥의 의열단원

> 3·1 운동 이후 블라디보스토크에 노인 동맹단이 만들어졌어요. 단원이었던 강우규는 65살이었지요. 그는 국내로 몰래 들어와 일본의 사이토 총독에게 폭탄을 던졌어요.

와! 대단하네요!

그리고 얼마 뒤, 21살 청년 김원봉은 친구 윤세주와 함께 의열단을 만들었어요. 암살이나 폭파 같은 직접적이고 과격한 방법으로 독립운동을 하기로 했지요. 이들은 조선 총독부나 경찰서와 같은 중요 기관을 공격했어요.

공격이 성공했나요?

의열단의 활약은 어마어마했어요. 박재혁은 부산 경찰서를 폭파했어요. 김익상은 조선 총독부에, 김상옥은 종로 경찰서에 폭탄을 던졌어요. 이들은 이것을 위해 폭탄 제조법을 배우기도 했지요.

일본 경찰한테 잡히면 죽을 게 뻔한데 의열단원은 죽음도 두려워하지 않았나 봐요.

이뿐만이 아니에요. 나석주는 동양 척식 회사에 폭탄을 던졌고, 김지섭은 일본으로 건너가서 천황이 사는 황궁에 폭탄을 던졌어요.

위험을 무릅쓰더라도 이런 일을 해야만 했을 정도로 우리나라의 독립이 간절했던 것이겠죠?

역사 어렵지 않아!

한인 애국단

한인 애국단의 윤봉길 의사와 이봉창 의사

1931년에는 김구가 한인 애국단을 만들었어요.

 한인 애국단은 왜 만든 거예요?

 독립운동에 새 힘을 불어넣기 위해서였어요. 1932년 1월, 이봉창은 일본 천황 히로히토에게 폭탄을 던졌지요.

 그래서 어떻게 됐어요?

 성공하지는 못했어요. 하지만 이 사건은 중국인들에게 큰 인상을 남겼지요. 중국 언론들이 안타까워할 정도였어요. 일제는 이런 중국의 행동을 빌미 삼아 상하이를 침략했어요.

 성공했어야 하는데…….

 그리고 같은 해 4월 일본 천황 생일 기념 행사에서 윤봉길이 폭탄을 던졌어요. 일본 최고 사령관 시라카와 대장이 그 자리에서 죽었지요.

 드디어 성공했네요!

 중국 정부는 중국의 백만 대군도 하지 못한 일을 조선인 한 사람이 해냈다며 임시 정부를 적극적으로 후원하기 시작했어요. 이 두 번의 의거는 임시 정부가 다시 본격적으로 활동할 수 있는 길을 열어 주었어요.

역사 인물 탐구하기

여기! 여기!

독립운동가들의 수호자

조지 루이스 쇼와 이륭양행

조지 루이스 쇼는 영국인 아버지와 일본인 어머니 사이에서 태어났어요. 1907년 중국 단둥에 '이륭양행'이라는 선박 및 무역 회사를 세워 큰돈을 벌었지요.

조지 루이스 쇼는 단둥에서 회사를 운영하면서 조선의 독립을 적극적으로 도왔어요. 외국인이었지만 빼앗긴 나라를 되찾으려는 조선인들의 마음을 누구보다 깊이 공감하고 있었거든요.

친구들은 저를 샤오라고 불러요. 제 고향 아일랜드도 독립운동을 하고 있어요. 그래서 나라를 되찾고 싶은 조선인들의 마음을 이해할 수 있어요.

조지 루이스 쇼

이게 다 샤오 덕분이야.

물론이지!

이륭양행

3·1 운동이 일어나고 얼마 지나지 않았을 때였어요. 일제의 탄압이 점점 심해지자 김구를 비롯한 독립운동가들이 상하이로 떠날 계획을 세웠어요.

조지 루이스 쇼는 이륭양행 증기선으로 독립운동가들이 무사히 상하이에 도착할 수 있도록 도왔지요. 영국인이 운영하는 회사와 선박은 일본 경찰도 함부로 할 수 없었거든요.

좁쌀 장수 같소?

김구

김구 선생님? 탈출하려고 변장하셨군요!

조지 루이스 쇼는 이륭양행 2층을 임시 정부가 사용하도록 해 주었어요. 임시 정부는 그곳에 교통국 지부를 세웠어요. 덕분에 뿔뿔이 흩어진 독립운동 단체들과 비밀리에 연락할 수 있었지요.

그뿐만 아니라 국내에서 모은 독립운동 자금을 상하이에 있는 임시 정부에 전달해 주기도 했어요. 또 이륭양행 선박을 이용해 독립운동에 쓸 총이나 폭탄 등도 안전하게 실어다 주었지요.

무기가 무사히 도착했어요.

역시 샤오!

일제는 이륭양행을 눈엣가시로 여겼어요. 급기야 1920년 7월에는 신의주행 열차를 타고 가던 조지 루이스 쇼를 여권이 없다는 이유로 잡아 가두었어요.

감옥에서 풀려난 조지 루이스 쇼는 "앞으로도 정의를 위해 조선인의 독립운동을 적극적으로 지원하겠다."라고 말했지요. 1963년 우리나라 정부는 조지 루이스 쇼에게 건국 훈장 독립장을 주었어요.

남달리의 역사 수첩

꼼꼼해! 꼼꼼해!

최초의 한국인 비행 학교

3·1 운동이 일어나고 1년 뒤, 미국에 최초의 한인 비행 학교가 문을 열었어요. 바로 윌로우스 비행 학교예요.

독립군 공군 양성이라는 임시 정부의 큰 꿈을 이루기 위한 곳이었지요.

노백린은 이 학교를 세우기 위해 온 힘을 쏟았어요. 앞으로 전쟁은 공군에게 달렸다고 생각했거든요.

앞으로의 전쟁은 공중전이야!

쌀의 왕이라고 불리던 백만장자 김종림은 비행 학교에 많은 후원을 했어요.

비행 학교에 아낌없이 후원하겠소!

독립을 바라는 젊은이들은 비행 학교에 모여 공군이 되기 위한 훈련을 받았지요.

수리도 중요해.

마침내 조종사가 된 박희성과 이용근은 임시 정부 육군 소위로 임명되었어요.

하지만 폭풍우로 김종림이 쌀농사에 타격을 입자 후원이 끊겨 비행 학교도 어려워졌어요. 결국 비행 학교는 1년 만에 문을 닫고 말았지요.

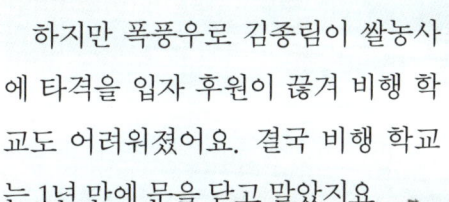

박희성

이용근

여러분, 지금까지 우리는 국민들의 힘으로
나라를 지켜냈던 3·1 운동에 대해 알아보았어요.
수많은 사람들의 희생과 노력으로 지켜 온 대한민국,
이제 우리가 지켜 나갈 차례예요!

찾아보기

ㄱ
강기덕 54
김마리아 28
김원벽 54

ㄷ
대한민국 임시 정부 118
독립 선언서 56
동양 척식 주식회사 25

ㅁ
무단 통치 24
문용기 105

ㅂ
봉오동 전투 131

ㅅ
신흥 무관 학교 27

ㅇ
윌로우스 비행 학교 136
유관순 68
의열단 132
이완용 110

ㅈ
제암리 92
조선 청년 독립단 17
조지 루이스 쇼 134

ㅊ
청산리 전투 131

ㅌ
태극기 84

ㅍ
파리 강화 회의 12
프랭크 스코필드 108

ㅎ
한인 애국단 133
후세 다쓰지 30

기타
2·8 독립 선언 15
3·1 운동 64

 **사진 출처**

3·1운동 100주년 기념사업회 45(미국 영사관 앞을 지나는 시위대), 46(거리의 만세 운동), 53(민족대표 재판 기사 사진)
국사편찬위원회 한국사데이터베이스 77(유관순의 감옥 기록표), 132(서대문 감옥의 의열단원)
국사편찬위원회 전자사료관 129(한국광복군 기념 사진)
대한민국 상훈 31(건국 훈장 애족장)
도산기념관 124(대한민국 임시 정부 공보 42호)
독립기념관 50(천도교 중앙대교당), 57(2·8 독립 선언서), 57(대한 독립 선언서), 105(문용기 피 묻은 옷), 125(백산상회), 129(광복군 태극기)
북앤포토 24(1910년대 헌병), 100(제암리 교회)
신흥무관학교 기념 사업회 27(신흥 무관 학교)
위키피디아 25(동양 척식 주식회사-경성 지사), 26(미쓰비시 제철소), 31(후세 다쓰지), 57(3·1 독립 선언서), 71(유예도와 유관순), 76(서대문 감옥 내부), 130(북로 군정서), 131(홍범도), 133(윤봉길), 133(이봉창)
재일본한국YMCA 20(조선 기독교 청년회 회관)

* 이 책에 사용한 사진은 박물관과 저작권자의 허가를 받아 게재한 것입니다. 저자 및 출판사가 저작권을 가지고 있는 사진은 출처 표시를 하지 않았습니다. 허가를 받지 못한 일부 사진에 대해서는 저작권자가 확인되는 대로 게재 허가를 받고 사용료를 지불하겠습니다.